Steffen Hagemann

Israel

Wissen, was stimmt

W0099874

HERDER spektrum

Band 6159

Das Buch

Ein Land, gerade einmal so groß wie Hessen, und dennoch von immenser weltpolitischer Bedeutung: Israel, das zionistische Projekt inmitten einer Region, in der der Ausnahmezustand zur Normalität geworden ist. Was wissen wir eigentlich über dieses Land? Erfolgte die Besiedlung Palästinas tatsächlich als Reaktion auf den Holocaust? Und welche gesellschaftlichen Ideale haben sich aus der Gründerzeit erhalten? Handelt es sich bei Israel um eine wirkliche Demokratie? Und wie wird mit den religiösen Minderheiten umgegangen? Strebt Israel überhaupt nach Frieden – mit den Palästinensern und seinen arabischen Nachbarn? Und was ist von der Unterstützung Israels durch die USA zu halten?

Der Autor

Steffen Hagemann, Dr. phil., studierte Politikwissenschaft in Marburg, Tel Aviv und Berlin. Derzeit arbeitet er im Exzellenzcluster »Languages of Emotion« der Freien Universität Berlin.

Steffen Hagemann

Israel

Wissen, was stimmt

HERDER

FREIBURG · BASEL · WIEN

Originalausgabe

© Verlag Herder GmbH, Freiburg im Breisgau 2010
Alle Rechte vorbehalten
www.herder.de

Umschlagkonzeption und -gestaltung:
R·M·E Eschlbeck / Hanel / Gober
Umschlagmotiv: © interTOPICS
Foto des Autors: © privat

Layoutkonzeption: rsrdesign, Wiesbaden

Herstellung: fgb · freiburger graphische betriebe
www.fgb.de

Gedruckt auf umweltfreundlichem, chlorfrei gebleichtem Papier
Printed in Germany

ISBN 978-3-451-06159-2

Inhalt

1. Einleitung   **7**

2. Zionismus und Staatsgründung   **11**
Folgt die zionistische Bewegung kolonialen Mustern?
Zionismus, Einwanderung und Landnahme   11

**War die Gründung des israelischen Staates
eine Reaktion auf den Holocaust?**
Motive des zionistischen Projekts   21

Hat Israel die arabische Bevölkerung vertrieben?
Der Unabhängigkeitskrieg von 1948   27

3. Israel – Staat und Gesellschaft   **35**
Ist Israel überhaupt eine richtige Demokratie?
Das politische System   35

Diskriminiert Israel seine Minderheiten?
Die Stellung der nicht-jüdischen Bevölkerung   41

Ist Israel eine militarisierte Gesellschaft?
Die Stellung der israelischen Armee   47

**Ist Israel zwischen säkularen und religiösen Gruppen
zerrissen?**
Das Verhältnis von Politik und Religion   54

Ist Israel ein europäischer Staat?
Israel als pluralistische Gesellschaft   61

4. Israels Wirtschaft   **67**
**Besitzt Israel eine kollektivistische Wirtschafts-
ordnung?**
Kibbutzim als Grundpfeiler   67

Ist Israel ein Wirtschaftswunderland?
Entwicklung der israelischen Ökonomie 73

5. Der Konflikt mit den Palästinensern **77**
Erhebt Israel Anspruch auf das ganze Land zwischen
Mittelmeer und Jordan?
Israelische Siedlungspolitik 77

Ist Jerusalem die unteilbare Hauptstadt des
israelischen Staates?
Die Bedeutung Jerusalems 85

Verweigert Israel den palästinensischen Flüchtlingen
die Rückkehr?
Die Flüchtlinge und die Zukunft des Staates Israel 90

Will Israel überhaupt Frieden?
Der Oslo-Prozess und seine Folgen 94

Verletzt Israel permanent die Menschenrechte?
Israel und die besetzten Gebiete 101

6. Israel und die Welt **105**
Stehen die USA bedingungslos hinter Israel?
Die Beziehungen zu den Vereinigten Staaten 105

Gehört Israel wirklich in den Nahen Osten?
Die Bindungen zu Europa 109

7. Schluss **113**

Anhang **117**
Chronologie 117
Ländersteckbrief (Stand: Oktober 2009) 120
Ausgewählte Literatur 122
Abbildungsnachweis 125
Karte 126

Einleitung

Wenn ihr wollt, ist es kein Märchen«, schrieb Theodor Herzl in seiner Vorrede zum »Judenstaat« im Jahre 1896. Aus Herzls Traum ist Wirklichkeit geworden: Israel hat sich unter schwierigen Bedingungen zu einer demokratischen und pluralistischen Gesellschaft entwickelt, Millionen von Einwanderern integriert, wissenschaftliche Innovationen und intellektuelle wie kulturelle Kreativität hervorgebracht. Dennoch erscheinen längst nicht alle Hoffnungen Herzls erfüllt: Der Zionismus verstand sich als Bewegung zum Schutz von Leib und Leben der Juden. Dieser Wunsch nach einem Leben in Sicherheit hat sich für die israelische Bevölkerung noch nicht verwirklicht. Der Konflikt mit der palästinensischen Bevölkerung ist bis heute nicht beigelegt. Sechzig Jahre nach der Gründung des israelischen Staates haben Existenzängste wieder zugenommen: Angesichts der Bedrohung durch den Iran und einen islamischen Fundamentalismus sind sich viele israelische Bürgerinnen

Ein Traum wird wahr?

und Bürger nicht mehr sicher, ob der Staat Israel auch die nächsten sechzig Jahre weiter bestehen wird.

Der Konflikt mit der palästinensischen Bevölkerung und den umliegenden arabischen Staaten stellt eine zugleich äußere wie innere Herausforderung für die israelische Gesellschaft dar. Denn die Frage nach dem Verlauf der künftigen Grenze beinhaltet zugleich Fragen nach der inneren Verfasstheit der israelischen Gesellschaft und ihren Legitimationsgrundlagen. Die israelische Gesellschaft ist tief gespalten zwischen Befürwortern einer Kompromisslösung und Gegnern eines Rückzugs aus den besetzten Gebieten, zwischen religiösen und säkularen Gruppen, zwischen der jüdischen Bevölkerungsmehrheit und der palästinensischen Minderheit.

Israel wird in der deutschen Öffentlichkeit meist ausschließlich im Zusammenhang mit dem Nahost-Konflikt wahrgenommen. In der Tat sind die Entwicklungen und Dynamiken der israelischen Gesellschaft eng mit dem Konfliktverlauf verbunden, sie sind aber nicht darauf zu reduzieren. Israel ist mehr als Armeedienst und Besatzungsmacht. Und auch umgekehrt gilt: Der Verlauf des Konflikts mit den Palästinensern ist nur zu verstehen, wenn zugleich auch innergesellschaftliche Debatten, Konfliktlinien und Veränderungsprozesse zur Kenntnis genommen werden. Aufgrund der polarisierten Debatte in Deutschland über den israelisch-palästinensischen Konflikt, die immer auch zugleich die deutsche Vergangenheit, ihre »Aufarbeitung« und daraus abgeleitete Konsequenzen berührt, und der mangelnden Kenntnis der israelischen Gesellschaft werden immer wieder einseitige Meinungen und Vorurteile geäußert. Die vorliegende Einführung will sich daher Israel in seiner Komplexität, Vielschichtigkeit und Widersprüchlichkeit zuwenden. So werden historische Fragen der Entstehung des israelischen Staates, innergesellschaftliche Konfliktlinien, ökonomische Transformationsprozesse und selbstverständlich auch außen- und sicherheitspolitische Konfliktthemen behandelt.

Stimmt es, dass Israel die Palästinenser vertrieben hat? Ist Israel eine wirkliche Demokratie? Welchen Einfluss hat das Militär? Ist Israel bereit, die besetzten Gebiete aufzugeben? Wichtig ist zu verstehen, dass die israelische Gesellschaft keine homogene Einheit ist, sondern viele unterschiedliche Gruppen in ihren Vorstellungen, Meinungen und politischen Positionen miteinander konkurrieren. Entsprechend sind alle Themen, die in diesem Band angesprochen werden, hochgradig umstritten. Leserinnen und Leser sind daher aufgefordert, die hier gegebenen Antworten zum Ausgangspunkt eigener Reflexionen zu machen.

Zionismus und Staatsgründung

Folgt die zionistische Bewegung kolonialen Mustern?

Zionismus, Einwanderung und Landnahme

Die zionistische Bewegung war ursprünglich eine europäische Bewegung mit dem Ziel, einen souveränen Staat für die Juden zu errichten. Bereits auf dem ersten Zionistenkongress in Basel 1897 wurde Palästina zum Territorium des künftigen Staates auserkoren. Durch Einwanderung aus Europa, den Aufbau von Siedlungen und einer Wirtschaftsstruktur sollte dort ein Staat nach europäischem Vorbild errichtet werden. Tatsächlich ist Israel keineswegs die einzige von Europa aus betriebene Staatsgründung auf außereuropäischem Boden – auch in Nordamerika, Australien oder Neuseeland, um nur einige Beispiele zu nennen, waren europäische Siedlergesellschaften auf fremden Territorien gegründet worden. Manche Historiker plädieren daher dafür, den Zionismus als Teil der Geschichte eines europäischen Kolonialismus zu begreifen, der fremde Territorien eroberte, die lokale Bevölkerung unterwarf und die politische und ökonomische Kontrolle über-

Kolonialismus oder Wiedergeburt?

nahm. Diese Interpretation des Zionismus wird von anderen vehement bestritten. Sie sehen den Zionismus als nationale Wiedergeburt des jüdischen Volkes auf ihrem Heimatterritorium, die jüdische Einwanderung nicht als gewaltsame Eroberung, sondern als legitime Rückkehr. Manche Autoren gehen so weit, den Zionismus als antikoloniale Bewegung im Kampf gegen die britische Mandatsherrschaft zu bezeichnen. Angesichts dieser Kontroverse ist es unerlässlich, die Vorgeschichte des Staates Israel zu betrachten.

Herzl und »Der Judenstaat« Theodor Herzl gilt gemeinhin als Begründer des Zionismus. Zwar waren der Begriff bereits vorher von Nathan Birnbaum geprägt und erste Siedlun-

Theodor Herzl

gen in Palästina errichtet worden, jedoch gelang es Herzl die verschiedenen Strömungen und Gruppen organisatorisch zu vereinen und eine politische Bewegung mit Vertretungsorganen zu gründen. Zudem legte er mit seinem Buch »Der Judenstaat« 1896 die zentrale programmatische Schrift der zionistischen Bewegung vor. Hierin verarbeitet Herzl seine Erfahrungen mit dem europäischen Antisemitismus. Als Frankreich-Korrespondent hatte Herzl die Affäre um den jüdischen Hauptmann Alfred Dreyfus verfolgt, der des Landesverrats angeklagt war, und unschuldig verurteilt, degradiert und verbannt wurde. Der

Prozess löste in Frankreich antisemitische Ausschreitungen aus, die Herzl zu der Überzeugung kommen ließen, dass Juden von den europäischen Mehrheitsgesellschaften niemals akzeptiert würden und auch die Assimilation nicht zum Verschwinden des Antisemitismus führte. Als zentrale Ursache hierfür betrachtete Herzl die fehlenden kollektiven Rechte der Juden, als Lösung die Gründung eines eigenständigen jüdischen Staates. Nur ein souveräner, politisch abgesicherter Staat könne, so Herzl, den verfolgten Juden Schutz vor der (tödlichen) Bedrohung durch den Antisemitismus bieten.

»Baseler Programm« 1897 (Auszug)

»Der Zionismus erstrebt für das jüdische Volk die Schaffung einer ›öffentlich-rechtlich gesicherten Heimstätte in Palästina‹. Zur Erreichung dieses Ziels nimmt der Kongress folgende Mittel in Aussicht.

1. Die zweckdienliche Förderung der Besiedlung Palästinas mit jüdischen Ackerbauern, Handwerkern und Gewerbetreibenden.
2. Die Gliederung und Zusammenfassung der gesamten Judenschaft durch geeignete örtliche und allgemeine Veranstaltungen nach den Landesgesetzen.
3. Die Stärkung des jüdischen Volksgefühls und Volksbewusstseins.
4. Vorbereitende Schritte zur Erlangung der Regierungszustimmungen, die nötig sind, um das Ziel des Zionismus zu erreichen.«

Neben dem Schutz von Leib und Leben spielten aber auch andere Motive eine wichtige Rolle in der Entwicklung der zionistischen Bewegung: Viele Juden verstanden die Rückkehr nach Palästina, welches im jüdischen Sprachgebrauch Eretz Israel (das Land Israel) genannt und häufig mit dem Berg Zion in Jerusalem identifiziert wird, als eine nationale Wiedergeburt der Juden. Hier sollten sich nationale Konzepte mit ethnischen Einheitlichkeitsvorstellungen und dem religiösen Erbe verbinden.

Auf dem Baseler Kongress 1897 war die Besiedlung Palästinas bereits als eine zentrale Strategie zur Verwirklichung des Judenstaates festgelegt worden. Allerdings sah Herzl die dringlichste Aufgabe darin, zunächst internationale Unterstützung und Garantien für die zionistischen Bestrebungen zu erhalten. Erst nach einer erfolgreichen diplomatischen Mission sollte die Masseneinwanderung erfolgen. Nach Herzls Tod 1904 und dem Scheitern der russischen Revolution 1905, in die viele (ost)europäische Juden große Hoffnung auf Emanzipation und Befreiung gesetzt hatten, setzte sich dann jedoch der praktische Zionismus durch, welcher eine rasche Ansiedlung von Juden in Palästina und den Massenankauf von Land zum Ziel hatte. Zwar wanderten zunächst nur wenige Juden nach Palästina aus (die Zahl der jüdischen Bewohner Palästinas wuchs von 50000 im Jahr 1904 auf 80000 in 1914 an, im gleichen Zeitraum migrierten aber 850000 Juden aus Europa nach Nordamerika), diese bildeten jedoch das personelle wie ideologische Fundament für die Gründung des israelischen Staates.

Das Land, in das die jüdischen Einwanderer kamen, war nicht menschenleer. Vielmehr gehörte Palästina zum Osmanischen Reich und unterstand osmanischer Herrschaft. Nach offiziellen Bevölkerungsangaben lebten 1914 im späteren britischen Mandatsgebiet Palästina etwa 600000 Muslime und 80000 Christen. Die Zionisten mussten daher das Land von den rechtmäßigen Eigentümern erwerben. Schon Herzl hatte auf ein gewaltfreies, an der Praxis des Marktes orientiertes Handeln der zionistischen Bewegung bestanden, zudem fehlten den Einwanderern die ökonomischen und militärischen Machtmittel, um Land einfach erobern und besetzen zu können. Deshalb wurden die ersten jüdischen Siedlungen dort errichtet, wo günstiges Land zum Kauf bereit stand – in der Umgebung der städtischen Zentren Jaffa, Haifa und Safed sowie entlang des kargen Küstenstreifens. Erst später gelang die Ausdehnung des Siedlungsgebietes in fruchtbarere Gegenden wie etwa Galiläa.

Erste Siedlungen

Die Elite der jüdischen Gemeinde in Palästina, dem Jischuw, war von einem Ideal der Arbeit und der Verbundenheit mit dem Boden getragen. Durch die landwirtschaftliche Bearbeitung des Bodens sollte ein Neuer Jude geschaffen werden – ein starker und wehrhafter Muskeljude (Nordau) in scharfer Abgrenzung zum »Luftmenschen« und Talmudjuden der Diaspora. Der Kibbutz als kollektive Lebensform und genos-

Ein »Neuer Jude«

senschaftliche Siedlung entsprach diesem ideologischen Ideal – er verband landwirtschaftliche Arbeit mit der Eroberung und Verteidigung von Territorien. Als Pioniere genossen die Mitglieder der Kibbutzim hohes gesellschaftliches Ansehen, sie stellten aber nur eine Minderheit der jüdischen Bevölkerung dar.

Jüdischer Nationalfonds und Histadrut Bei der Umsetzung des zionistischen Projekts und seiner ideologischen Ziele spielten zwei Organisationen eine zentrale Rolle: Der Jüdische Nationalfonds hatte die Aufgabe, mit Spenden aus aller Welt Boden anzukaufen. Dieses Land ging nicht in Privatbesitz, sondern in den Besitz des ganzen jüdischen Volkes über – ausschließlich Juden konnten vom Jüdischen Nationalfonds pachten. Die Gewerkschaft der Landarbeiter, die Histadrut, hatte die Aufgabe, die Bearbeitung des Bodens durch jüdische Arbeitskräfte zu organisieren. Zentrales Anliegen der Histadrut war es, eine autarke ökonomische Struktur zu schaffen. In den Anfangsjahren waren die zionistischen Siedlungen noch auf arabische Arbeitskräfte angewiesen – diese sollten jedoch zunehmend durch jüdische Arbeiterinnen und Arbeiter ersetzt werden. In Palästina entwickelte sich so eine segmentierte Gesellschaft, in der der jüdische Sektor Exklusivität im ökonomischen Bereich, im Schul- und Bildungswesen sowie in der Kultur anstrebte. Der Aufbau jüdischer Selbstverwaltungsorgane sollte die Keimzelle für den jüdischen Staat darstellen und die Belange der jüdischen Bevölkerung vertreten.

Die zionistischen Einwanderer hatten das Land zunächst von Großgrundbesitzern und Notablenfamilien gekauft, die häufig gar nicht in Palästina lebten. Für diese war der Verkauf von Land durchaus lukrativ – durch die steigende Nachfrage stiegen die Bodenpreise zu Beginn des 20. Jahrhunderts stark an. Da zunächst vor allem wenig oder nicht kultiviertes Land an die jüdischen Einwanderer verkauft worden war, blieben die lokalen arabischen Pächter, Bauern und Hirten von der Veränderung der Eigentumsverhältnisse weitgehend unberührt. Dies änderte sich im Verlauf der 1930er Jahre. Nun verkauften auch viele örtliche Grundbesitzer fruchtbares Land, wodurch zahlreiche arabische Bauern mit ihren Familien arbeits- und heimatlos wurden. Viele von ihnen zogen in die Städte und bildeten dort ein neues Proletariat. In dieser Zeit wuchs der arabische Widerstand gegen die jüdische Besiedlung Palästinas, welche von der lokalen Bevölkerung als europäische Kolonialbewegung wahrgenommen wurde. Immer häufiger kam es zu blutigen Zusammenstößen zwischen Juden und Arabern.

Folgen des Landkaufs

Die lokale Bevölkerung in Palästina war von vielen Zionisten nicht richtig wahrgenommen oder besser: verdrängt worden. Die Parole »Ein Land ohne Volk für ein Volk ohne Land« zeugt vom mangelnden Bewusstsein vieler Zionisten für die Realitäten in Palästina. Dies galt freilich nicht für alle: Schon früh hatte beispielsweise der Anführer des revisionistischen Zionismus Wladimir Jabotinsky gewarnt, dass noch jede autoch-

Wachsender Widerstand

thone Bevölkerung gegen Kolonisationsversuche Widerstand geleistet habe. So schrieb Jabotinsky: »Die Eingeborenen haben den Kolonisten immer hartnäckig widerstanden, ganz gleichgültig, ob sie nun zivilisiert oder wild waren. … Jede eingeborene Bevölkerung sieht das von ihr bevölkerte Land als nationales Heim an, auf dem sie allein regiert, und will diese Vollmacht aufrechterhalten und wird daher nicht nur neue Herren, sondern auch neue Partner und Mitarbeiter zurückweisen.«

Zionistische Reaktionen Auf den zunehmenden palästinensischen Widerstand reagierte die zionistische Bewegung mit drei Strategien: Eine Minderheit entwickelte die Utopie eines binationalen jüdisch-arabischen Staates. Die Mehrheit der Bewegung lehnte die Aufgabe der Idee einer eigenen, jüdischen Nationalstaatsgründung entschieden ab. Stattdessen sollte durch »konkrete Gegenwartsarbeit«, also den langsamen aber kontinuierlichen Aufbau ökonomischer und politischer Strukturen, die Basis für den späteren Staat geschaffen werden. Der revisionistische Zionismus lehnte diese Strategie, welche die Konfrontation mit der lokalen Bevölkerung vermied, ab und forderte eine harte Reaktion auf den arabischen Widerstand.

Unter dem britischen Mandat Mit dem britischen Mandat änderten sich die Rahmenbedingungen in Palästina. Nach der Zerschlagung des Osmanischen Reiches hatten europäische Kolonialmächte Einfluss auf die Region genommen. Vor allem Frankreich und England konkurrierten um Macht und Einfluss. Palästina wurde schließlich dem britischen Mandat unterstellt. Die britische Herrschaft war durch einen kolonialen Diskurs geprägt: Die primitive lokale Bevölkerung werde durch die Kolonialherrschaft modernisiert und zivilisiert. Die Briten betrachteten sich selbst als Träger von Fortschritt und Entwicklung. Dieser koloniale Diskurs wurde auch von vielen Zionisten geteilt.

> **Schon Herzl lässt in seinem Roman »Altneuland« einen arabischen Protagonisten auftreten, der die europäischen Einwanderer begrüßt. Nun werde auch Palästina Teil der modernen Welt.**

Zudem nutzte die zionistische Bewegung die Infrastruktur der Briten, wie das neu eingeführte Rechtssystem, um den Prozess der Kolonisierung fortzusetzen. Trotz dieser Gemeinsamkeiten hatten Briten und Zionisten keine identischen Interessen. So hatten die Briten zwar das Projekt einer nationalen Heimstätte für das jüdische Volk unterstützt, zugleich jedoch stets betont, die Rechte der arabischen Bevölkerung wahren zu wollen.

Wie ist die zionistische Besiedlung in Palästina nun zu bewerten? Die Einwanderung, der Kauf von Boden und die Errichtung von neuen Siedlungen, die sich von der traditionellen Besiedlung der lokalen Bevölkerung klar unterscheidet, können als ein Prozess der Kolonisierung bezeichnet werden. Dieser vollzog sich von Europa aus auf nicht-europäischem Boden. Zudem hat

Kolonisierung oder Rückkehr?

sich unter der britischen Mandatsherrschaft gezeigt, wie sehr auch der Zionismus vom kolonialen Gedankengut Europas geprägt war. Allerdings wurden auch entscheidende Differenzen zum europäischen Kolonialismus deutlich. So war die Besiedlung Palästinas nicht primär ökonomisch motiviert, sondern eine Reaktion auf den europäischen Antisemitismus verbunden mit weltanschaulichen Motiven. Der Zionismus verstand die Einwanderung nach Palästina als eine Rückkehr in das Heimatland des jüdischen Volkes. Hinter diesem Projekt stand kein mächtiger Mutterstaat, die zionistische Bewegung wollte in Palästina erst einen Nationalstaat gründen. Entsprechend war das Ziel nicht die ökonomische Ausbeutung der Ressourcen und der arabischen Bevölkerung, sondern der Aufbau einer autarken Ökonomie und unabhängiger politischer Strukturen. Und nicht zuletzt wurde die zionistische Staatsgründung durch einen Beschluss der Vereinten Nationen legitimiert.

War die Gründung des israelischen Staates eine Reaktion auf den Holocaust?

Motive des zionistischen Projekts

Am 29. November 1947 beschloss die Generalversammlung der Vereinten Nationen, das Mandatsgebiet Palästina in einen jüdischen und einen arabischen Staat zu teilen. Der damalige sowjetische VN-Botschafter Andrej Gromyko erinnerte in seiner Rede an die Leiden der Juden unter der Nazi-Herrschaft. Kein Staat sei den Juden zu Hilfe gekommen, sodass der Wunsch nach einem eigenen Staat nur zu verständlich sei. Nicht nur die Sowjetunion auch viele andere Länder begründeten öffentlich ihre Unterstützung für die Errichtung eines souveränen jüdischen Staates mit dem Verweis auf den Holocaust.

Auch der Staat Israel selbst beruft sich in seiner Unabhängigkeitserklärung auf die Erinnerung an die Opfer der Shoa. So heißt es: »Die Katastrophe, die in unserer Zeit über das jüdische Volk hereinbrach und in Europa Millionen von Juden vernichtete, bewies unwiderleglich aufs Neue, dass das Problem der jüdischen Heimatlosigkeit durch die Wiederherstellung des jüdischen Staates im Lande Israel gelöst werden muss, in einem Staat, dessen Pforten jedem Juden offenstehen, und der dem jüdischen Volk den Rang

Israel: Erbe der Opfer der Shoa?

> **Shoa: Zerstörung oder große Katastrophe, die hebräische Bezeichnung für den Völkermord an den Juden.**

einer gleichberechtigten Nation in der Völkerfamilie sichert.« Der Staat Israel begreift sich als Erbe der Opfer der Shoa und leitet daraus eine moralische Selbstverpflichtung ab: Nie wieder sollen Juden wehrlos sein. In diesem Sinne ist die Erinnerung an die Opfer der Massenvernichtung bis heute Teil des israelischen Selbstverständnisses und seiner nationalen Mythologie. So ertönen am jährlichen Shoa-Gedenktag im ganzen Land Sirenen, und das öffentliche Leben wie beispielsweise der Autoverkehr wird für zwei Minuten unterbrochen.

Realpolitische Hintergründe Dennoch: Die israelische Staatsgründung ist keine direkte Folge des Holocausts. Hiergegen sprechen zwei zentrale Argumente. Zum einen hat der staatsbildende Zionismus bereits vor der Massenvernichtung der Juden die institutionellen und politischen Grundlagen für einen souveränen Staat in Palästina gelegt. Auch stammte die Mehrzahl der jüdischen Einwanderer während der Herrschaft des Nationalsozialismus, vor allem aber in den Jahren der Konsolidierung des neu gegründeten Staates, nicht aus Deutschland und Osteuropa. Zum anderen war die Zustimmung in den Vereinten Nationen entgegen der öffentlichen Verlautbarungen nicht allein moralisch, sondern zumindest ebenso realpolitisch motiviert.

Ursachen des Zionismus Der Zionismus war in Europa als Reaktion auf die Judenfeindschaft entstanden – zunächst in Russland nach gewaltsamen Pogromen, aber auch in Westeuropa, wo die Hoffnungen auf eine staatsbürgerliche Integration der jüdischen Bevölkerung durch das Aufkommen eines rassistischen Antisemitismus enttäuscht worden waren. Zugleich wurde die zionistische Bewegung durch den Zerfall der multiethnischen Staaten in Europa und das Aufkommen eines ethnischen Nationalismus beeinflusst. Dieses ethnische Verständnis von Nationen, welches Homogenität nach innen und Abgrenzung nach außen behauptete, schloss einerseits Juden aus den europäischen Nationen aus, wurde zugleich jedoch zur Quelle des staatsbildenden Zionismus und seiner Forderung nach einem souveränen jüdischen Staat.

Allerdings war die zionistische Bewegung in sich äußerst vielfältig und widersprüchlich: Umstritten war nicht nur, wo ein jüdischer Staat errichtet werden sollte, auch über die politische, gesellschaftliche und ökonomische Ordnung gingen die Vorstellungen weit auseinander. Manche lehnten gar einen klassischen Nationalstaat ab, sondern strebten lediglich ein kulturelles Zentrum in Palästina an. Hegemonial wurde jedoch der staatsbildende Zionismus, welcher in Palästina als dem Heimatland der Juden einen souveränen Staat aufbauen wollte. Zu diesem Zweck organisierte die zionistische Bewegung die Einwanderung von Juden, den Kauf von Land und den Bau von Siedlungen. Bereits in den 1930er Jahren hatte die jüdische Gemeinde in Palästina quasi-staatliche Strukturen errichtet mit vielfältigen politischen, ökonomischen und administrativen Institutionen. Schon vor dem Holocaust

Zionistische Ziele

konnte daher kein Zweifel daran bestehen, dass ein jüdischer Staat in Palästina im Entstehen war. Unter dem Eindruck des Holocausts unterstützten schließlich fast alle zionistischen Vereine und Organisationen in der Welt die Gründung eines ethnischen Nationalstaats.

Auswanderung aus Deutschland

Die Einwanderung von Juden nach Palästina hatte lange vor dem Holocaust begonnen, wobei die Zahl der aus Deutschland eingewanderten Juden lange Zeit sehr gering geblieben war. Der politische Zionismus war in Deutschland nicht sehr stark, viele Jüdinnen und Juden betrachteten sich als assimiliert und verstanden sich als Teil der deutschen Gesellschaft. Zwar nahm die Zahl der Einwanderer nach Palästina in den 1930er Jahren zu, von den 200000 Juden der 5. Alijah (Einwanderungswelle), die zwischen 1932 und 1939 nach Palästina migrierten, kamen jedoch lediglich 50000 aus Deutschland und Österreich. Die Mehrheit derjenigen, die Deutschland verlassen konnten, ging nicht nach Palästina, sondern wählte verschiedene andere Länder. Tragischerweise senkte die britische Regierung die Quote für die jüdische Einwanderung nach Palästina im Jahr 1938 genau zu jenem Zeitpunkt, als sich die Lage für die Juden in Deutschland nach der Pogromnacht entscheidend verschärfte. So wurde die Auswanderung oder Flucht nach Palästina vielen unmöglich.

Nach dem Zweiten Weltkrieg

Nach dem Zweiten Weltkrieg wurde Palästina (nach 1948 dann der Staat Israel) zum Ziel vieler Überlebender, die in den sogenannten Displaced-

Persons-Lagern unter unwürdigen Bedingungen lebten. Allerdings gilt auch für die Nachkriegszeit, dass die Mehrzahl der Einwanderer nicht aus Deutschland und Europa stammte. Die für die demographische Konsolidierung des Staates, also die Schaffung einer stabilen Bevölkerungsmehrheit, notwendige Zahl an Einwanderern stellten die nach dem Krieg von 1948 aus den arabischen Ländern geflohenen und vertriebenen Juden dar.

Der Konflikt zwischen Juden und palästinensischen Arabern um Land, Märkte und Arbeit hatte sich seit den 1920er Jahren immer weiter verschärft. Spätestens mit dem arabischen Aufstand 1936 war der britischen Mandatsmacht klar, dass ein Kompromiss unmöglich ist. Der Teilungsplan der Vereinten Nationen aus dem Jahr 1947 stellt somit einen Regelungsversuch für einen Konflikt dar, der lange vor dem Holocaust begonnen hatte. In der VN-Resolution 181 beschlossen die Vereinten Nationen den Abzug der britischen Mandatsmacht und die Errichtung eines arabischen und eines jüdischen Staates. Durch die Errichtung zweier unabhängiger Staaten sollte somit ein lange schwelender Konflikt beigelegt werden. Auch die Zustimmung der USA und UdSSR zum Teilungsplan war nicht allein durch den Holocaust motiviert, sondern zugleich von geo- und innenpolitischen Motiven beeinflusst. Während Präsident Truman trotz einiger Zweifel der breiten Unterstützung in der amerikanischen Bevölkerung für die Gründung zweier Staaten folgte, diente das Zweckbündnis der Sowjet-

Teilungsplan der Vereinten Nationen

union mit Israel der Schwächung des britischen Imperialismus. Moralische und realpolitische Gründe waren untrennbar miteinander verbunden.

Bedeutung des Holocaust Dies soll freilich nicht die hohe Bedeutung des Holocaust für die politische Kultur Israels schmälern. In der nationalen Mythologie wird eine kausale Verbindung zwischen der Vernichtung der europäischen Juden und der Geburt Israels gezogen und in theologischen Begriffen gedeutet – als Erzählung von Tod und Auferstehung. Solche nationalen Erzählungen neigen jedoch zu Vereinfachungen und verhüllen einen Teil der Realität. So wurde zwar die Erinnerung an die Vernichtung zur Legitimation des Staates und seiner Wehrhaftigkeit herangezogen, zugleich waren die eingewanderten Überlebenden jedoch lange Zeit in Israel an den Rand gedrängt. Zu sehr erinnerten sie an die Schwäche und Wehrlosigkeit der Juden in der Diaspora, welche durch die Staatsgründung gerade überwunden werden sollte. Erst mit dem Prozess gegen Adolf Eichmann in Jerusalem 1961 begann die israelische Gesellschaft sich öffentlich auch mit familiengeschichtlichen Leiderfahrungen auseinanderzusetzen und ermöglichte damit das Gedenken an unterschiedliche, individuellen Erzählungen.

Hat Israel die arabische Bevölkerung vertrieben?

Der Unabhängigkeitskrieg von 1948

Viele palästinensische Flüchtlinge bewahren auch sechzig Jahre nach dem Krieg von 1948 noch die Schlüssel ihrer alten Häuser auf – als Symbol ihres Verlustes und der Hoffnung auf eine Rückkehr in die alte Heimat. Bis heute lebt die Mehrzahl der palästinensischen Flüchtlinge in Flüchtlingslagern – im Westjordanland, im Gaza-Streifen und in vielen arabischen Nachbarstaaten Israels. Dort ist ihre Situation nach wie vor prekär: Sie wurden (mit Ausnahme Jordaniens) nicht in die aufnehmenden Gesellschaften integriert, sondern warten noch immer auf eine endgültige Regelung ihrer Zukunft. Die Flüchtlingsfrage ist daher eines der zentralen Probleme im israelisch-palästinensischen Konflikt.

Ein zentrales Problem

Gestritten wird nicht nur darüber, wie eine künftige Regelung aussehen könnte, sondern auch darum, ob es sich um Flucht oder Vertreibung gehandelt hat und wer dafür verantwortlich ist. Geschichtsschreibung ist niemals nur die Aneinanderreihung von Fakten und Ereignissen – diese werden stets selektiv ausgewählt und interpretiert, um politische Ansprüche zu legitimieren. Die Frage, was zwischen 1947 und 1949 geschehen ist, hat daher auch Konsequenzen für den gegenwärtigen Konflikt und ist somit zwischen Israelis hoch umstritten und emotional belegt. Die traditionelle israelische Perspektive

Flucht oder Vertreibung?

sprach lange von einer palästinensischen Massenflucht, die durch entsprechende Aufrufe arabischer Führer ausgelöst worden sei. Nach einem Sieg der arabischen Armeen über Israel sollten die Palästinenser in ihre Dörfer und Städte zurückkehren können. Die traditionelle palästinensische Erzählung spricht hingegen von einer durch die israelische Armee organisierten, gezielten Vertreibung der arabischen Bewohner. Neuere Forschungen stellen beide Perspektiven in Frage und zeichnen ein wesentlich komplexeres Bild mit großen zeitlichen und regionalen Unterschieden, das beide Faktoren – Flucht und Vertreibung – wirken sieht.

Aufnahme des Teilungsplans

Als die VN-Vollversammlung am 29. November 1947 für die Gründung eines arabischen und eines jüdischen Staates plädierte, wurde diese Entscheidung von der jüdischen Seite begrüßt. Der Teilungsplan hatte zwar nicht alle territorialen Wünsche erfüllt, das wichtigste Ziel der zionistischen Bewegung war jedoch erreicht: die Gründung eines souveränen Staates. Die arabische Seite lehnte den VN-Plan hingegen ab, sie empfand die geplante Teilung als Unrecht. Denn obwohl der jüdische Anteil der Gesamtbevölkerung Palästinas nur knapp ein Drittel betrug (1,4 Millionen Arabern standen rund 650000 Juden gegenüber) und lediglich sieben Prozent des Landes in jüdischem Besitz waren, sollte der jüdische Staat gut 55 Prozent der Gesamtfläche Palästinas umfassen. Darunter auch die Zitruskulturen, die Palästinas wichtigstes Exportgut darstellten und der mehrheitlich landwirtschaft-

lich orientierten arabischen Bevölkerung ihr
Einkommen sicherte.

Direkt nach Bekanntgabe der VN-Resolution 181
über die Teilung des Landes am 29. November
1947 begannen Kämpfe zwischen Arabern und

**Beginn
der Kämpfe**

UN-Teilungsplan für Palästina 1947

- - - - - - Grenze des britischen
Palästinamandats

vorgeschlagener jüdischer
Staat

vorgeschlagener arabischer
Staat

internationale Zone:
Jerusalem und Vororte

⊙ Gat   jüdische Siedlungen als Teil
des arabischen Staates

LIBANON
Metulla
Hanita
Matzuva
Nahariyya   Eilon   Zefat
Akko   Gaaton   SYRIEN
Yehiam
Hulesee

Haifa   Tiberias   See
Kfar Hahoresh   Genezareth
Nazareth   Jarmuk

Janin

Tulkarm

Nablus

Petah Tikva   West-
Tel Aviv   jordanien
Jaffa   Lod
Ben Shemen   Neve Yaakov   Amman
Rehovot   Ramla   Ramallah
Menachem   Jericho
Ashdod   Hartuv   Atarot   Kallia   Bet Haarava
Nitzanim   Revadim   JERUSALEM
Askalon   Kedma   Bethlehem
Yad Mordechai   Gat   Galon   Ein Tzurim
Gaza   Gusch Etzion
Massuot   Hebron   Totes Meer
Yitzhak
Kfar Darom   Palästina
Rafah   Beerscheba
Nirim

*M i t t e l -
m e e r*

TRANS-
JORDANIEN

N e g e v

ÄGYPTEN

S i n a i

Elat
Golf von Akaba   Akaba   0   30   60 km

Juden, die sich schnell zu bürgerkriegsähnlichen Auseinandersetzungen ausweiteten. Die Initiative ging dabei zunächst vor allem von der arabischen Seite aus, die den Teilungsplan ja abgelehnt hatte. Innerhalb weniger Wochen und Monate wurde ein großer Teil der Straßen und Verbindungswege in Palästina von arabischer Seite erobert. Die jüdische Seite reagierte mit Gegengewalt auf diese Angriffe. Neben der vorstaatlichen Armee, der Haganah, waren auch Untergrundorganisationen wie Irgun und Lechi an diesen Aktionen beteiligt. Bereits in diesen ersten Monaten noch vor Ausbruch des ersten israelisch-arabischen Krieges flüchteten etwa 75 000 Araber vor allem der Mittel- und Oberschicht aus den besonders umkämpften »gemischten« Städten Haifa, Jaffa und Jerusalem vor der Gewalt.

»Gemeinschaft ohne Wahl«

Der Jischuw war durch die arabischen Angriffe in Bedrängnis geraten und fürchtete einen Überlebenskampf. Benny Morris beschreibt die prekäre Krisenwahrnehmung der jüdischen Seite am Vorabend der Staatsgründung: »Der Jischuw sah sich selbst als eine Gemeinschaft ohne Wahl – entweder Staatlichkeit oder Bankrott und Bankrott meinte angesichts der abgrundtiefen Feindschaft gegen den Zionismus eine mögliche Wiederholung, wenn auch in kleinerem Maßstab, des Holocausts.« Entsprechend wurde der Kampf um das Land und für einen jüdischen Staat mit großer Härte und Entschlos-

Jischuw (hebr.: bewohntes Land): Die jüdische Bevölkerung Palästinas vor der Gründung Israels

senheit geführt: Es gab gezielte Einschüchterungen, Terroranschläge und Vertreibungen. So ließ etwa David Ben Gurion anordnen, die arabischen Wohnviertel Jerusalems zu räumen und dort Juden anzusiedeln. In dieser Zeit setzte ein regelrechtes »Fluchtfieber« (Morris) ein: Durch Flüsterpropaganda wurden Berichte von Gewalttaten verbreitet und lösten unter der arabischen Bevölkerung große Angst aus. Der Jischuw wiederum nutzte die Flucht der arabischen Bevölkerung aus, um Fakten vor Ort zu schaffen.

Zu Beginn des Jahres 1948 kam es zu einer weiteren Eskalation der Gewalt: Die Haganah setzte zunehmend auf offensivere Aktionen, um Verbindungswege zwischen jüdischen Siedlungsgebieten herzustellen und den freien Zugang nach Jerusalem zu sichern. Im März 1948 wurde im Rahmen dieser militärischen Zielsetzung der sogenannte »Plan D« verabschiedet, der von einigen als Beweis für die Vertreibungsthese angeführt wird. Der »Plan D« sah die ›Befriedung‹ der eroberten Gebiete vor, was die Räumung und Zerstörung dortiger arabischer Dörfer beinhaltete. Dieser Plan stellt jedoch keinen Generalentwurf für eine allgemeine Vertreibung dar, sondern blieb auf Operationen gegen feindliche Dörfer und – in Erwartung einer arabischen Invasion – auf Gebiete von strategischer Bedeutung beschränkt. Dennoch: Auch wenn es keine direkten Befehle zur Vertreibung gab, so wurde Kommandeuren im Feld meist freie Hand gelassen. Die allgemeine Haltung in dieser Zeit besagte: Je weniger Araber im jüdischen Staat leben, desto besser.

»Plan D« und die Eskalation der Gewalt

Zu einem wichtigen Symbol dieser Eskalation wurde das Massaker von Deir Yassin, einem arabischen Dorf im Nordwesten Jerusalems, am 9. April 1948. Angehörige der Untergrundtruppen von Lechi und Irgun überfielen das Dorf, welches ein Abkommen über Zurückhaltung mit der jüdischen Seite geschlossen hatte, und ermordeten 250 Männer, Frauen und Kinder. Die zivile und militärische Führung des Jischuw verurteilte das Massaker und entschuldigte sich bei König Abdallah, zugleich wurde es aber gezielt als Mittel der Einschüchterung eingesetzt, um Araber zur Flucht zu »ermutigen«. Der Kommandeur dieser Aktion und spätere Ministerpräsident Menachem Begin rechtfertigte hingegen diese Aktion in seinen Erinnerungen: »Das Massaker von Deir Jassin hatte nicht nur seine Berechtigung – ohne den ›Sieg‹ von Deir Jassin hätte es auch niemals einen Staat Israel gegeben.«

Zwischen April und Mai 1948 wurde der »Plan D« umgesetzt: Die jüdischen Truppen konnten über die im VN-Teilungsplan vorgesehenen Zonen hinaus Land erobern. Rund 300000 Araber flüchteten oder wurden vertrieben.

Gründung des Staates Israel Am Tag vor dem offiziellen Abzug der britischen Mandatstruppen am 14. Mai 1948 verkündete Ben Gurion die Gründung des Staates Israel. Die arabische Liga hatte für diesen Fall bereits Vorbereitungen für ein militärisches Eingreifen getroffen. In der Nacht zum 15. Mai 1948 rückten arabische Truppen nach Israel vor. Zahlreiche arabische Führungspersönlichkeiten sprachen davon, »die zionistischen Banden« schnell besiegen zu können. Die lokale arabische Bevölkerung solle daher zum eigenen Schutz vorübergehend ihre Dörfer verlassen. Der Krieg nahm jedoch einen anderen Verlauf. Die arabischen Länder hatten nicht alle ihre Truppen mobilisiert, zudem verhinderte die innerarabische Konkurrenz koordinierte militärische Aktionen. Die Armee des Staates Israel konnte daher im Laufe des Krieges weitere Gebiete erobern und die arabische Seite umfassend besiegen. Über 400 arabische Dörfer waren im Krieg verlassen und mehrheitlich zerstört worden, von den 1,4 Millionen arabischen Bewohnern waren zwischen Dezember 1947 und Frühjahr 1949 etwa die Hälfte geflohen oder vertrieben worden. Die Palästinenser bezeichnen den Krieg bis heute als »al-nakba« – die Katastrophe.

Die Entstehung des palästinensischen Flüchtlingsproblems ist somit als Teil der Kriegsdynamik zu verstehen: Palästinenser wurden vertrieben, flüchteten aus Angst vor Angriffen oder folgten den Aufrufen arabischer Führungspersönlichkeiten. Auf jüdischer Seite gab es keinen Plan der umfassenden Vertreibung der arabischen Bevölkerung, allerdings wurde der (Bürger)Krieg von vielen als Chance begriffen, eine jüdische Bevölkerungsmehrheit zu schaffen. Die israelische Führung hatte daher bereits während des Krieges beschlossen, eine Rückkehr der

Gezielte Vertreibung?

Flüchtlinge mit allen Mitteln zu verhindern. Zwar erkannten auch viele Israelis das Unrecht der Vertreibung an, eine Rückkehr aber hätte den jungen Staat demographisch gefährdet. Daher wurden Land und Besitz der arabischen Flüchtlinge konfisziert und an jüdische Einwanderer verteilt. Lediglich rund 40 000 Palästinensern wurde bis 1953 im Rahmen von Familienzusammenführungen die Rückkehr nach Israel erlaubt.

Israel – Staat und Gesellschaft

Ist Israel überhaupt eine richtige Demokratie?

Das politische System

Als der Begründer des Zionismus Theodor Herzl seine Vision eines Judenstaates entwickelte, schwebte ihm ein modernes, säkulares Staatswesen vor, welches zwar außerhalb Europas verwirklicht, doch ganz in der Tradition der europäischen Aufklärung stehen sollte. Auch in der Unabhängigkeitserklärung des Staates vom 14. Mai 1948 werden demokratische Prinzipien bemüht. »(Der Staat Israel) wird auf Freiheit, Gerechtigkeit und Frieden im Sinne der Visionen der Propheten Israels gestützt sein. Er wird all seinen Bürgern ohne Unterschied von Religion, Rasse und Geschlecht, soziale und politische Gleichberechtigung verbürgen.«

Wappen von Israel

Wahlen und Parteien

Und in der Tat erfüllt Israel zentrale demokratische Ansprüche. In allgemeinen, freien, geheimen, gleichen und landesweiten Wahlen werden die 120 Abgeordneten der Knesset, dem israelischen Parlament, gewählt. Die Israelis können aus einer Vielzahl von Parteien wählen, die den Pluralismus der israelischen Gesellschaft abbilden – so konkurrieren Parteien des Friedenslagers mit nationalistisch-jüdischen Parteien, orthodoxe mit säkularen Kräften und auch Minderheiten sind durch eigene Parteien vertreten. Da ein reines Verhältniswahlrecht herrscht und die Sperrklausel nur zwei Prozent beträgt, sind viele Parteien in der Knesset vertreten, derzeit zwölf verschiedene Listen. Jede Regierung war hierdurch bislang auf die Bildung einer Koalition angewiesen.

Politisches Leben

Die israelische Exekutive hat eine besonders starke Stellung: So kann die Regierung mit dem Ministerpräsidenten an der Spitze beispielsweise über Krieg und Frieden entscheiden oder den Notstand ausrufen, ohne die Zustimmung des Parlaments einzuholen. Der Präsident hingegen hat vor allem repräsentative Bedeutung – ähnlich dem deutschen Bundespräsidenten. Zudem existiert eine unabhängige Justiz. Israel ist gekennzeichnet durch lebhafte politische Auseinandersetzungen, an der sich neben den Parteien auch vielfältige soziale Bewegungen und zivilgesellschaftliche Organisationen beteiligen. Proteste, Demonstrationen und Streiks gehören zur öffentlichen Auseinandersetzung in Israel. Auch die Presse ist weitgehend frei und vielfältig, Ein-

ISRAEL – STAAT UND GESELLSCHAFT

schränkungen gibt es bei Militäreinsätzen und in den besetzten Gebieten.

Israel wird daher gerne als einzige Demokratie im Nahen Osten bezeichnet. Kritiker weisen jedoch auf vier zentrale Einschränkungen hin, die das Bild trüben und demokratische Prinzipien beschneiden. Zunächst hat Israel keine Verfassung. Als Ersatz gelten die sogenannten Grundgesetze, »Basic Laws«, von denen inzwischen elf verabschiedet wurden. In ihnen ist die institutionelle Grundstruktur des Staates festgelegt. Erst in den 1990er Jahren wurden zwei Grundgesetze verabschiedet, in denen auch wichtige Grundrechte wie das Recht auf Leben, Eigentum oder Freiheit des Berufes garantiert werden.

Mangelnde Verfassung

Viele der klassischen Menschen- und Bürgerrechte wie Meinungs-, Versammlungs- oder Pressefreiheit oder soziale Rechte sind hingegen in den Grundgesetzen nicht verankert und stehen somit auf fragilem Grund. Zudem sind auch die Grundgesetze nicht besonders geschützt – sie können durch das Parlament, wie jedes andere Gesetz auch, geändert werden. In den 1990er Jahren wurden jedoch einige Grundgesetze und Gesetzesteile besonders abgesichert: Sie können nur mit der Mehrheit aller Knesset-Abgeordneten (mindestens 61 Stimmen) geändert werden. Zudem wurde dem Obersten Gerichtshof die Möglichkeit eingeräumt, künftige Gesetze oder Gesetzesänderungen auf ihre Verfassungsmäßigkeit zu prüfen.

Fragile Grundgesetze

Hinzu kommt, dass nach der Staatsgründung die Notstandsgesetzgebung der britischen Mandatsregierung in israelisches Recht inkorporiert wurde. Diese gilt bis heute und ermöglicht die Einrichtung von Militärgerichten- und Verwaltung oder Pressezensur, legitimiert folglich die Einschränkung demokratischer Rechte.

Einfluss der Religion

Die zweite Einschränkung betrifft das Verhältnis von Politik und Religion. Der israelische Staat garantiert allen anerkannten Religionsgemeinschaften, wie Juden, Christen, Muslimen, Bahai oder Drusen, das Recht auf die freie Ausübung ihrer Religion. Gebetshäuser, religiöse Räte und Schulen werden sogar vom Staat finanziert. Umgekehrt jedoch existiert keine Freiheit von der Religion. In einem Kompromiss zwischen säkularen und religiösen Kräften wurde in der Zeit der Staatsgründung festgelegt, dass wichtige Bereiche des Personenstandsrechts wie das Ehe- und Scheidungsrecht religiöser Rechtsprechung unterworfen sind. Dies hat gravierende Folgen: So können israelische Staatsbürger unterschiedlicher Religionszugehörigkeit in Israel nur dann heiraten, wenn ein Partner konvertiert. Zivile Ehen sind nicht möglich. Viele Israelis, die nicht religiös heiraten wollen, umgehen diese Regelungen, indem sie im Ausland heiraten und die Ehe anschließend anerkennen lassen.

Benachteiligung der Frau

Auch der Status der Frau ist von der religiösen Rechtsprechung betroffen. Zwar garantiert das

Gesetz die Gleichheit von Männern und Frauen in allen Lebensbereichen – Fragen von Ehe und Scheidung werden durch eine Klausel jedoch ausgenommen. Dies führt dazu, dass Frauen erst dann geschieden werden können, wenn ihr Mann seine Einwilligung zur Scheidung gibt. Verweigert er diese, kann sie nicht wieder heiraten (obwohl diese Regel im umgekehrten Fall nicht gilt).

Drittens sehen Kritiker einen Widerspruch zwischen demokratischen Prinzipien und der Definition Israels als einem jüdischen Staat. Diese ethno-nationale Bestimmung Israels bedeutet, dass der Staat in erster Linie der jüdischen Bevölkerung verpflichtet ist und nicht dem Demos, also allen Bewohnern seines Territoriums. Nicht nur sind alle Symbole des Staates jüdische Symbole wie die Nationalhymne oder das Staatswappen, viele Maßnahmen nach der Staatsgründung zielten darauf, eine jüdische Bevölkerungsmehrheit in Israel zu schaffen. Trotz der rechtlichen Gleichstellung wird die arabische Minderheit bis heute in vielen Bereichen diskriminiert und ist in den Institutionen des Staates klar unterrepräsentiert. Viele israelische Araber fühlen sich daher als Staatsbürger zweiter Klasse. Einige Autoren bezeichnen Israel somit als ethnische Demokratie oder gar Ethnokratie (ausführlich dazu im folgenden Kapitel).

Israel als Ethnokratie

Und nicht zuletzt sind bis heute die israelischen Staatsgrenzen nicht endgültig bestimmt. Seit 1967 hält Israel im Krieg eroberte Gebiete be-

Unklare Staatsgrenzen

setzt. Auch wenn diese (mit Ausnahme der Golan-
höhen) bis heute nicht annektiert wurden, so
trägt Israel dennoch die Verantwortung für die
lokale palästinensische Bevölkerung. Diese hat
keine israelische Staatsbürgerschaft erhalten und
unterliegt der Militärverwaltung, ihre demokratischen Rechte sind somit stark eingeschränkt.
Dies gilt nicht für die Siedlerinnen und Siedler,
die als israelische Staatsbürger in den besetzten
Gebieten leben, aber anders als die palästinensische Bevölkerung volle demokratische Rechte ge-
nießen. Es existieren in den besetzten Gebieten
somit zwei Justizsysteme – eins für Juden und
eins für die Palästinenser. Zudem wird von vielen
Israelis die Gefahr gesehen, dass der bereits über
vierzig Jahre andauernde Status Israels als Besatzungsmacht und die damit einhergehenden Ge-
walterfahrungen auch innerhalb der israelischen
Gesellschaft demokratische Werte und demokra-
tisches Bewusstsein korrumpieren.

Diskriminiert Israel seine Minderheiten?

Die Stellung der nicht-jüdischen Bevölkerung

Die raison d'être des israelischen Staates war es, einen Staat für die Juden zu errichten, einen Staat, in dem die Juden nicht länger als Minderheit von Diskriminierungen und Verfolgungen bedroht sind, sondern selbst die Bevölkerungsmehrheit stellen. Israel definiert sich daher in ethnischen Kategorien. Nicht-jüdische Staatsbürger werden nicht in eine universalistisch verstandene »nationale Identität« integriert, sondern bleiben als kulturell andere systematisch und strukturell diskriminiert. Bezeichnenderweise wird bei jüdischen Israelis im Personalausweis unter der Rubrik »Nationalität« das Wort »Jude« vermerkt, bei arabischen Israelis hingegen die Bezeichnung »Araber«. »Israelisch« wird hingegen nicht als inklusive Kategorie herangezogen.

Ein Staat für die Juden

Nach der Gründung Israels wurde vom Staat eine Politik der Judaisierung verfolgt, um in allen Landesteilen eine jüdische Bevölkerungsmehrheit zu schaffen und den jüdischen Charakter des Staates zu festigen. So wurden große Teile des Landes, welche in arabischem Besitz waren, enteignet und verstaatlicht. Heute befinden sich neunzig Prozent des Bodens in Staatsbesitz. Dieses Land wird unter anderem von jüdischen, nicht-staatlichen Organisationen wie dem Jüdischen Nationalfond oder der Jewish Agency verwaltet und verpachtet. Diese richten sich aus-

Politik der Judaisierung

schließlich an die jüdische Bevölkerung, Nicht-Juden bleiben von der Vergabe ausgeschlossen, sodass die israelischen Araber kaum Möglichkeiten haben, Bauland zu erwerben und ihre Ortschaften zu vergrößern. Allerdings hat der Oberste Gerichtshof im Jahr 2000 in einem viel beachteten Urteil bestimmt, dass der Staat bei der Vergabe von Grundstücken nach dem Gleichheitsgrundsatz zu verfahren hat und nicht aufgrund von Religion oder Volkszugehörigkeit diskriminieren darf.

Staatsbürgerschaftsrecht Auch das israelische Staatsbürgerschaftsrecht ist durch diesen ethnischen Charakter bestimmt. Nach dem Krieg von 1948 wurden die Bedingungen für die Vergabe der israelischen Staatsbürgerschaft an die arabische Bevölkerung so streng formuliert, dass nur wenige Palästinenser, vor allem keine Flüchtlinge, diese erfüllen konnten. Im sogenannten Rückkehr-Gesetz ist hingegen festgelegt, dass jeder einwandernde Jude sofort die israelische Staatsbürgerschaft erhalten kann. Diese Regelung wurde als Konsequenz aus den Erfahrungen während der Zeit der nationalsozialistischen Herrschaft getroffen, als Juden die Aufnahme in andere Länder verweigert wurde. Die Einwanderung nach Israel wird als Alijah (wörtlich übersetzt Aufstieg) bezeichnet und ist wichtiger Bestandteil zionistischer Narrative und Politik. Zugleich wurden die Einwanderer gezielt in bevölkerungsarmen oder arabisch dominierten Gegenden angesiedelt, um in allen Landesteilen eine jüdische Bevölkerungsmehrheit zu schaffen.

Heute leben in Israel rund 1,4 Millionen arabische Israelis. Sie stellen damit rund zwanzig Prozent der Bevölkerung und sind ein wichtiger demographischer, politischer, wirtschaftlicher und sozialer Faktor. Es wäre allerdings falsch, von einer homogenen Minderheit zu sprechen. Unter ihnen finden sich Muslime, Christen und Drusen, die weiterhin bezüglich ihrer sozialen Stellung, Generationsdifferenzen und Stadt- und Landbevölkerung unterschieden werden müssen. Als Staatsbürger haben sie offiziell dieselben Rechte wie die jüdische Bevölkerung, dennoch werden die palästinensischen Israelis vielfältig, häufig versteckt, diskriminiert. Beispielsweise sind arabische Israelis mit Ausnahme der Drusen aufgrund von Sicherheitsbedenken de facto vom Militärdienst ausgenommen. Viele Vergünstigungen und staatliche Leistungen werden jedoch von der Erfüllung des Wehrdienstes abhängig gemacht. Zudem bleiben der arabischen Bevölkerung Arbeitsplätze in »sicherheitsrelevanten Bereichen« verwehrt.

Arabische Israelis

Auch in sozio ökonomischer Hinsicht ist die arabische Minderheit benachteiligt: Im Vergleich mit der jüdischen Bevölkerungsmehrheit sind die arabischen Israelis schlechter ausgebildet, wohnen in beengteren Verhältnissen und verdienen weniger Geld. Auch auf kommunaler Ebene sind die arabischen Gemeinden und ihre Infrastruktur deutlich unterfinanziert. Hinzu kommt, dass in der jüdischen Mehrheitsgesellschaft Vorurteile gegenüber der arabischen Bevölkerung weit verbreitet sind, die zu tagtäglichen Diskrimi-

Diskriminierungen

nierungen beispielsweise bei der Wohnungs- oder Arbeitssuche führen.

Wachsendes Selbstbewusst- sein

Dennoch ist die Lage der arabischen Minderheit keineswegs nur von Diskriminierungen bestimmt. Auch der arabische Sektor hat von Modernisierungsschüben profitiert, die zu wachsender sozialer Mobilität beigetragen haben. So hat sich der Bildungsstand in den letzten Jahrzehnten deutlich erhöht und immer mehr arabische Israelis besuchen israelische Universitäten. Auch Frauen profitieren von dieser Entwicklung, besuchen Hochschulen und werden berufstätig. Mit dieser Entwicklung ist ein steigendes politisches Selbstbewusstsein verbunden. Viele, gerade junge arabische Israelis sind nicht länger bereit, Diskriminierungen hinzunehmen – arabisch-israelische Menschenrechtsorganisationen klagen vor dem Obersten Gerichtshof immer wieder Gleichbehandlung in allen Bereichen ein. In ihrem Selbstverständnis fühlen sie sich zwar mehrheitlich dem palästinensischen Volk zugehörig, sehen sich aber zugleich als Bürger des Staates Israel. Auch nach der Gründung eines palästinensischen Staates wollen sie Bürger Israels bleiben. In den letzten Jahren hat sich daher mehr und mehr der Begriff palästinensische Israelis für sie durchgesetzt.

Arabische Parteien

Auf der politischen Ebene sind die palästinensischen Israelis durch eigene Parteien vertreten. Allerdings verbietet das Grundgesetz für Parlamentswahlen alle Kandidatenlisten, die Israel als jüdischen Staat explizit oder implizit negieren.

ISRAEL – STAAT UND GESELLSCHAFT

Die Forderungen der arabischen Parteien sind vielfältig und reichen von der De-Ethnifizierung des Staates, vollständiger Gleichberechtigung bis zur Anerkennung als nationale und nicht nur religiöse oder ethnische Minderheit. Insbesondere die letzte Forderung wird von einer Mehrheit der jüdisch-israelischen Gesellschaft abgelehnt, die befürchtet, dass eine Anerkennung nationaler Rechte zu separatistischen Tendenzen führen würde. Vielfach wird die Angst geäußert, dass die palästinensischen Israelis eine »fünfte Kolonne« darstellen und gegen den israelischen Staat arbeiten.

Das Verhältnis zwischen jüdischer Mehrheit und arabischer Minderheit ist immer auch von den politischen Konstellationen und dem Konflikt um die besetzten Gebiete abhängig. Mit dem Friedensprozess in den 1990er Jahren gingen auch im innerisraelischen Verhältnis Verbesserung einher: Die Budgets für arabische Gemeinden wurden erhöht, zwei Araber erstmals zu stellvertretenden Ministern ernannt. Dies änderte sich jedoch mit dem Ausbruch der zweiten Intifada 2000 dramatisch. Bei Solidaritäts- und Protestaktivitäten palästinensischer Israelis wurden zwölf Demonstranten von der Polizei erschossen. Diese Gewaltanwendung gegenüber israelischen Staatsbürgern hat das Verhältnis der arabischen Minderheit gegenüber staatlichen Institutionen stark belastet. Die Gewalteskalation in den besetzten Gebieten hat das Misstrauen beider Seiten weiter vertieft. Zuletzt erregte der nach den Wahlen im Februar 2009 zum Außen-

Einfluss von Außen

minister ernannte Avigdor Lieberman Aufsehen: Mit dem Wahlkampfslogan »Ohne Loyalität keine Staatsbürgerschaft« forderte er, dass die palästinensischen Israelis den Staat Israel als jüdischen Staat anerkennen müssten. Andernfalls solle ihnen die Staatsbürgerschaft aberkannt werden.

Ist Israel eine militarisierte Gesellschaft?

Die Stellung der israelischen Armee

Die Geschichte der israelischen Staatsgründung ist von Beginn an mit Gewalt verbunden. Die jüdische und die arabische Nationalbewegung hatten gleichermaßen Anspruch auf die Errichtung eines Nationalstaates in Palästina erhoben. Wo aber zwei Nationalbewegungen um dasselbe Territorium konkurrieren, droht Kriegsgefahr. Der vorstaatliche Jischuw hatte daher schon früh eigene Militärorganisationen gegründet, um die jüdischen Siedlungen zu schützen und den Anspruch auf das Land und einen eigenen Staat zu behaupten.

Tradition der Gewalt

Als Vorbild für Tapferkeit bei der Verteidigung des Landes galt Joseph Trumpeldor, ehemaliger Offizier in der zaristischen Armee und nach Palästina eingewandert. Bei der Verteidigung jüdischer Siedlungen in Galiläa war Trumpeldor schwer verwundet worden. Auf dem Totenbett soll er gesagt haben: »Belanglos, es ist gut für das Vaterland zu sterben.« Trumpeldor wurde als Musterbeispiel von Opferbereitschaft, Mut und Wehrhaftigkeit verehrt und zu einer Heldenfigur der zionistischen Bewegung stilisiert.

Nach der Staatsgründung wurden die verschiedenen jüdischen Militärorganisationen und Milizen aufgelöst und in die israelische Verteidigungsarmee (hebräisch Zva Haganah le-Jisrael, kurz Zahal) integriert. Mit der Ausrufung des Staates Israel war der Konflikt mit der lokalen palästinensischen Bevölkerung und den angrenzenden arabischen Staaten jedoch keineswegs beigelegt: Israel hat bis heute keine endgültig bestimmten und international anerkannten Grenzen, kriegerische Auseinandersetzungen gehören bis in die Gegenwart zur Geschichte des Staates. Aufgrund dieser spezifischen Situation besitzt die israelische Armee einen herausgehobenen Wert in der israelischen Gesellschaft und ist mit ihr sehr viel enger verwoben, als dies in anderen westlichen Gesellschaften üblich ist.

Dies zeigt sich besonders deutlich bei der Wehrpflicht: Jüdische Männer haben im Alter von 18 bis 29 Jahren einen obligatorischen Wehrdienst

Militärparade am Unabhängigkeitstag 1956

von drei Jahren abzuleisten, unverheiratete jüdische Frauen sind ebenfalls wehrpflichtig, müssen allerdings nur 21 Monate zur Armee. Hinzu kommt bis zum Alter von 42 Jahren ein jährlicher Reservedienst von rund 40 Tagen. Ausgenommen von der Wehrpflicht sind verheiratete Frauen und arabische Israelis. Die Minderheiten der Drusen und Tscherkessen sind dagegen zum Wehrdienst verpflichtet, Beduinen können freiwillig in die Armee eintreten.

Anders als in vielen westlichen Staaten existiert in Israel keine Möglichkeit, aus Gewissensgründen die Wehrpflicht zu verweigern: Totalverweigerung wird von der israelischen Gesellschaft mehrheitlich nicht akzeptiert und mit einer Gefängnisstrafe belegt. Eine Ausnahmeregelung besteht für ultra-orthodoxe Jugendliche. Diese sind vom Wehrdienst befreit, wenn sie an einer Talmud-Schule studieren. Nur wenige nutzen die Möglichkeit, in besonderen Armeeeinheiten religiöses Studium und Militärdienst miteinander zu verknüpfen. Diese Privilegien für ultra-orthodoxe Israelis haben in der israelischen Öffentlichkeit scharfe Proteste hervorgerufen. Seit 2002 besteht nun eine neue Regelung, nach der ultra-orthodoxe Studenten, die ihr religiöses Studium aussetzen, entweder einen viermonatigen Armeedienst oder ein Jahr zivilen Ersatzdienst ableisten müssen.

Befreiung vom Wehrdienst

Durch den verpflichtenden Wehrdienst gilt Zahal vielen noch immer als »Armee des Volkes« und »Schule der Nation«. Israelis aus allen gesell-

»Armee des Volkes«

schaftlichen Schichten und ethnischer Herkunft treffen aufeinander und leisten gemeinsamen Dienst ab. Insbesondere für Neueinwanderer stellt der Armeedienst ein Mittel der Integration in die israelische Gesellschaft dar. Dieser Prozess wird aktiv unterstützt: So bietet die Armee Sprachkurse, Ausbildungsmöglichkeiten und staatlichen Werteunterricht an.

Ethos der Wehrhaftigkeit Der hohe gesellschaftliche Stellenwert der Armee ist ebenso wie die gesamte Sicherheitsdoktrin Israels durch das zionistische Siedlungswerk, die Erinnerung an die Shoa und den anhaltenden Nahost-Konflikt geprägt. Sie geht von der Grundannahme aus, dass Israel in einer feindlichen Umgebung existiert. Aufgrund der fehlenden strategischen Tiefe (Israel ist an seiner schmalsten Stelle nur rund 15 Kilometer breit) und der geringen Bevölkerungszahl könne Israel sich keinen Krieg auf israelischem Territorium und keine Niederlage leisten. Hieraus wird eine Politik abgeleitet, die auf Abschreckung setzt und darauf zielt, die Initiative zu übernehmen und den Konflikt auf feindlichem Territorium auszutragen. Dieses Ethos der unbedingten Wehrhaftigkeit legitimiert für eine Mehrheit der israelischen Bevölkerung bis heute die finanziellen und persönlichen Opfer, die die Bürger leisten müssen, ebenso wie die hohen Militärausgaben des Staates. Israel verwendet rund 18 Prozent seines Haushalts für die Verteidigung des Staates, damit entspricht der Wehretat fast zehn Prozent des Bruttoinlandproduktes (Zum Vergleich: In Deutschland entspricht der Verteidigungshaus-

halt im Jahr 2009 etwa 1,3 Prozent des Bruttoin-
landsproduktes).

Die herausgehobene Bedeutung der Armee zeigt
sich auch darin, dass eine militärische Karriere
noch immer ein Sprungbrett in die Politik darstellt. Schon seit den Zeiten der Staatsgründung
besteht eine enge Vernetzung zwischen politischen und militärischen Entscheidungsträgern.
Prominente Beispiele sind Moshe Dayan, Jitzhak
Rabin, Ariel Sharon oder Ehud Barak. Sie alle haben das in der Armee erworbene Prestige für ihre
politische Laufbahn genutzt. Seilschaften aus den
Zeiten der Armee spielen daher in der israelischen
Politik eine wichtige Rolle und das in (fast) allen
Parteien und politischen Strömungen.

**Armee als
Sprungbrett**

Bis heute ist die israelische Armee jene Institu-
tion, die in der israelischen Öffentlichkeit das
höchste Ansehen und Vertrauen genießt. Allerdings hat sich das Verhältnis zur Armee seit den
1980er Jahren verändert: Lange Zeit waren die
Sicherheitspolitik des Staates und die israelische
Armee öffentlicher Kritik entzogen. Zumindest
für diese Zeit kann von einem kulturellen Milita-
rismus gesprochen werden, der den einzigen
Weg zur Lösung der nationalen Herausforderungen in der Anwendung militärischer Gewalt sah.
Der erste Libanonkrieg 1982 markiert jedoch
eine Wende: Der Konsens über Sicherheitsfragen
war zerbrochen. Noch während des Krieges for-
mierte sich Widerstand, ausgelöst auch durch
das unter den Augen des israelischen Militärs
von christlichen Milizen durchgeführte Massa-

**Image
im Wandel**

ker in den palästinensischen Flüchtlingslagern Sabra und Schatila. In dieser Zeit erlebte die israelische Friedensbewegung einen enormen Aufschwung. Sie protestierte in großen Demonstrationen gegen den Libanonkrieg, da dieser nicht der Landesverteidigung diene.

Im Fokus der Öffentlichkeit Die erste Intifada 1987 verdeutlichte schließlich die Grenzen militärischer Macht – der zunächst unbewaffnete Aufstand der Palästinenser im Westjordanland und im Gaza-Streifen stellte die hochgerüstete israelische Armee vor ganz neue Herausforderungen. Zugleich löste die Brutalität der israelischen Armee im Umgang mit der palästinensischen Zivilbevölkerung eine öffentliche Debatte über die moralischen Folgen der Besatzung aus. Vormals tabuisierte Verfehlungen und Misserfolge werden seitdem in der Öffentlichkeit kontrovers diskutiert. Zum Beispiel wurde nach dem zweiten Libanonkrieg im Jahr 2006 eine Untersuchungskommission eingerichtet, die der politischen und militärischen Führung schwerwiegendes Versagen vorwarf. Hochrangige Militärs und Politiker mussten daraufhin zurücktreten. Zudem veröffentlichen zivilgesellschaftliche Organisationen regelmäßig Berichte von Soldaten über ihre oft traumatischen Kriegserlebnisse.

Kontroverse Debatten Dieser Wandel im Verhältnis zur Armee zeigt sich auch in der Zunahme von selektiven Verweigerungen. Immer wieder lehnen Soldaten den Dienst in den besetzten Gebieten aus politischen oder moralischen Gründen ab. Beispielsweise weigerten sich im September 2003 zahlreiche Piloten, Einsätze in den besetzten Gebieten zu fliegen. Fragen der Sicherheitspolitik und der Armee, ihrer Ausstattung und Kriegsführung sind im heutigen Israel Gegenstand von kontroversen öffentlichen Debatten geworden. Mit der Eskalation des Konflikts seit der zweiten Intifada im Jahr 2000 und der wachsenden Angst um die Existenz des Staates haben freilich zugleich Tendenzen der Militarisierung wieder zugenommen. Durch das Scheitern der Friedensverhandlungen und die danach einsetzende Gewaltspirale gewannen jene Stimmen an Zulauf, die die Hoffnung auf Verständigung aufgegeben haben und eine Politik der (militärischen) Stärke befürworten.

Ist Israel zwischen säkularen und religiösen Gruppen zerrissen?

Das Verhältnis von Politik und Religion

Ein säkularer Staat? Der Zionismus war eine mehrheitlich säkulare Bewegung. Theodor Herzl und seine Anhänger grenzten sich von den traditionellen jüdischen Gemeinden mit ihrer religiösen Führung bewusst ab: Stattdessen sollte eine moderne Nation geschaffen werden, die einen säkularen Staat errichtet. Doch was verband die Juden in der Diaspora miteinander? Wer sollte zur jüdischen Nation gehören? Viele zionistische Führungspersönlichkeiten sahen in der Religion mit ihren Symbolen, Ritualen und Feiertagen das einzige Bindemittel, welches über alle Differenzen der Einwanderer hinweg Einheit stiften konnte.

Religion als Bindeglied Vor allem aber war der Bezug auf religiöse Symbole und Traditionen für die Begründung der Wahl Palästinas als Territorium der Staatsgründung elementar. Denn die Wahl Palästinas konnte keineswegs mit ökonomischen oder praktischen Argumenten begründet werden, sondern nur durch den Bezug auf die religiös-traditionelle, starke Emotionen evozierende Verbindung des Volkes mit dem Land. Durch den Bezug auf die Bibel wurde die Einwanderung nach Palästina zur Rückkehr des jüdischen Volkes in sein Heimatland. Als Legitimationsgrundlage für das zionistische Projekt spielte Religion daher eine wesentliche Rolle: Sie diente als Bindeglied zwischen jüdischer Nation und biblischem Land, stellte wesentliche Symbole für den Staat bereit und bestimmte die sozialen Grenzen des jüdischen Kollektivs. Doch diese Einbeziehung in die Definition des Staates sicherte der traditionellen Religion keineswegs einen zentralen Platz im Staat: Die Bibel wurde als historisches Dokument interpretiert, die Religion in den Dienst der Nation gestellt und der Staat (und nicht Gott) zum zentralen Bezugspunkt des Zionismus erhoben.

Status-quo-Vereinbarung

Die zionistische Bewegung und ihre Führungspersönlichkeiten hatten daher am Vorabend der Staatsgründung keineswegs die Absicht, einen theokratischen Staat zu errichten. Angesichts der Auseinandersetzungen mit den Palästinensern und der unsicheren internationalen Lage versuchte der spätere erste Ministerpräsident Israels, David Ben Gurion, die Unterstützung religiöser Parteien, welche einen säkularen Staat strikt ablehnten, zu gewinnen. Im Gegenzug sicherte Ben Gurion die Einhaltung religiöser Vorschriften im künftigen Staat zu. Diese sogenannte Status-quo-Vereinbarung ist bis heute die Grundlage für das Verhältnis von Politik und Religion in Israel. Darin wurde festgelegt,

David Ben Gurion

dass der Schabbat gesetzlicher Feiertag wird, dass die Kashrut-Gesetze (Speisegesetze) in allen Küchen unter staatlicher Kontrolle eingehalten werden und dass in Fragen des Personenstandsrechts (z. B. im Eherecht) religiöse Gerichte die ausschließliche Zuständigkeit erhalten. Zudem wurden ultra-orthodoxe Studenten vom Wehrdienst befreit und der Aufbau autonomer Bildungseinrichtungen (wie religiöser Schulen) zugesagt.

Haltung der Ultra-Orthodoxen Die Einbindung religiöser Gruppen war für die zionistische Bewegung ein Erfolg, dennoch blieb das Verhältnis einiger religiöser Gruppen zum Staat ambivalent bis feindlich. Die jüdische Ultra-Orthodoxie lehnte (und lehnt in Teilen bis heute) die Errichtung eines säkularen Staates ab. Erst nach der Ankunft des Messias werde ein jüdischer Staat entstehen, der nach religiösen Geboten organisiert sei. Ein moderner, säkularer Staat, der sich gleichwohl jüdisch nenne und durch menschliche Aktivität errichtet wurde, wird als eine Bedrohung für das orthodoxe Judentum aufgefasst. Daher verwundert es nicht, dass die Ultra-Orthodoxie sich nach der Staatsgründung von der modernen israelischen Gesellschaft abschottete und ein Milieu mit eigenen (Bildungs-)Einrichtungen aufbaute, um ein Leben streng nach den Vorschriften der Halacha (den jüdischen Religionsgesetzen) zu führen. In ultra-orthodoxen Stadtvierteln wie Mea Shearim in Jerusalem gelten beispielsweise strenge Kleidervorschriften, öffentliche Verkehrsmittel werden nach Geschlechtern getrennt und die Straßen am Schabbat für den Autoverkehr gesperrt.

Der religiöse Zionismus, eine minoritäre Strömung in der zionistischen Bewegung, erkannte dagegen die Legitimität des Staates an und beteiligte sich an seinem Aufbau. Diese Gruppen beschränkten sich zunächst darauf, innerhalb des säkularen Staates ein orthodoxes Leben zu führen. Viele nationalreligiöse Juden wollten jedoch mehr. Die Gründung des Staates stelle lediglich einen ersten Schritt auf dem Weg zur Verwirklichung der messianischen Utopie dar: Der Rückkehr des gesamten jüdischen Volkes in das ganze Land Israel und die Errichtung eines religiösen Staates. Eigene nationalreligiöse Parteien kämpfen um die Umsetzung dieses Zieles und unterstützen beispielsweise die religiöse Siedlerbewegung. Das Verhältnis zum existierenden israelischen Staat bleibt damit ambivalent – trotz der Beteiligung am Staat und in der israelischen Gesellschaft zielen viele Strömungen des religiösen Zionismus letztlich darauf, den säkularen in einen religiösen Staat zu transformieren.

Religiöser Zionismus

Lange Zeit war das Verhältnis zwischen religiösen und säkularen Gruppen recht stabil. Seit den 1990er Jahren brechen jedoch zunehmend Konflikte auf. So protestierten Wehrdienstleistende gegen die Befreiung ultra-orthodoxer Juden vom Wehrdienst, eine Mehrheit der säkularen Israelis befürwortet die Einführung einer Zivilehe und viele israelische Geschäftsinhaber wollen ihre Restaurants und Cafés auch am Schabbat öffnen. Der Status-quo ist zu einem öffentlichen Streitobjekt geworden. Hinter diesen Konflikten verbergen sich unterschiedliche Vorstellungen darü

Streitobjekt Status-quo

ber, wie der israelische Staat gestaltet sein soll. In den 1990er Jahren haben liberale Konzeptionen an Unterstützung gewonnen, die das Wohlergehen des Individuums in den Mittelpunkt stellen und eine Demokratisierung und Säkularisierung von Staat und Gesellschaft fordern.

> **Der ehemalige oberste Richter Israels, Aharon Barak, erklärte in diesem Sinne, dass die Charakterisierung Israels als jüdischer Staat keinen Vorrang des Judentums vor der Demokratie beinhalte: »Wir sollten diesem Ausdruck auf einem so hohen Abstraktionsniveau Bedeutung verleihen, das alle Mitglieder dieser Gesellschaft vereint und nach dem Gemeinsamen aller strebt. (...) Der Staat ist in der Tat jüdisch aber nicht in der halachisch-religiösen Bedeutung des Wortes.«**

Politisierung der Ultra-Orthodoxen

Diese Interpretation wurde von der Ultra-Orthodoxie als Kampfansage an den jüdischen Charakter des Staates aufgefasst. In zahlreichen Demonstrationen machten sie ihrem Unmut Luft und protestierten gegen die »Verwestlichung und Amerikanisierung« der israelischen Gesellschaft. In Folge der Konflikte ist eine steigende Politisierung innerhalb der Ultra-Orthodoxie zu erkennen: Manche Strömungen sind nicht länger damit zufrieden, abgeschieden in ihren Vierteln zu leben, sie identifizieren sich in zunehmendem Maße mit der israelischen Gesellschaft und wollen diese nach ihren religiösen Vorstellungen gestalten.

Auch innerhalb des religiösen Zionismus haben vielfältige Wandlungsprozesse stattgefunden. Mit der Eroberung des Westjordanlandes 1967, und damit vieler biblischen Stätten, setzte eine zunehmende Fokussierung auf das Land Israel in seinen biblischen Grenzen ein. Der Besiedlung des gesamten Landes wird ein herausgehobener religiöser Wert beigemessen. Religiöse Zionisten übernahmen daher eine führende Rolle im Siedlungsprojekt und lehnen jegliche Kompromisse oder Teilungspläne strikt ab. Seit dem Beginn des Friedensprozesses geraten die religiösen Siedler daher immer wieder in Konflikt mit dem Staat. Aber auch innerhalb des religiösen Zionismus hat sich eine liberale Opposition herausgebildet, die die einseitige Konzentration auf das Land ablehnt und soziale Themen in den Vordergrund stellt.

Wandel des religiösen Zionismus

Von einem Konflikt zwischen religiösen und säkularen Israelis zu sprechen ist daher stark vereinfachend. Die israelische Gesellschaft ist wesentlich vielfältiger, als es dieses einfache Gegensatzpaar vermuten lässt. Der Unterschied zwischen ultra-orthodoxen Juden, die alle Gebote der Halacha streng einhalten, und nationalreligiösen Juden, die ebenfalls orthodox leben, aber wesentlich stärker in das moderne Israel integriert sind, ist bereits angesprochen worden. Neben dieser Gruppe orthodox-religiöser Juden werden viele jüdische Israelis als traditionell bezeichnet: Damit ist gemeint, dass die Religion einen Platz im persönlichen und gesellschaftlichen Leben erhalten soll, ohne aber alle Regeln strikt

Religion als Tradition

zu befolgen. So gehen viele traditionelle Juden am Freitagabend zwar in die Synagoge, sehen aber kein Problem darin, am Schabbat ein Fußballspiel zu besuchen. Auch die Speisegesetze werden nicht streng eingehalten. Wer zu Hause eine koschere Küche führt, geht auf Reisen auch in nicht-koschere Restaurants. Welche Regeln befolgt werden, hängt dabei meist von den in den Familien weitergegebenen Traditionen ab. Säkulare Israelis messen den religiösen Geboten für die individuelle Lebensführung keine Bedeutung bei. Dennoch wollen viele auf jüdische Feiertage und Rituale nicht verzichten, welche als nationale Traditionen und Familienfeste gepflegt werden – entleert von ihrer ursprünglichen religiösen Bedeutung. Dies ist der Grund, warum sich auch viele säkulare Israelis als jüdisch bezeichnen. Nur eine kleine Minderheit befürwortet die Schaffung einer neuen israelischen Identität, die sich keinerlei jüdischer Symbolik und Tradition bedient.

Ist Israel ein europäischer Staat?

Israel als pluralistische Gesellschaft

Israel ist eine Einwanderungsgesellschaft. Angesichts der jüdischen Geschichtserfahrung sollte der neue Staat »der jüdischen Einwanderung und der Sammlung der Juden im Exil offen stehen«, wie es in der Unabhängigkeitserklärung heißt. Diese Forderung wurde im Rückkehrgesetz umgesetzt, welches jedem Angehörigen des jüdischen Volkes auf der ganzen Welt das Recht auf Einwanderung und Staatsbürgerschaft zubilligt. Zudem wirbt der israelische Staat in den jüdischen Gemeinden weltweit für die Alijah (Einwanderung, wörtlich Aufstieg) nach Israel. Dennoch war die israelische Staatsgründung zunächst sowohl in ihrer Ideologie wie in der Trägerschaft ein rein europäisches Projekt. Die europäischen Einwanderer (Aschkenasim) vor allem der zweiten Alijah (1903–1914) hatten das gesellschaftliche und institutionelle Fundament errichtet, auf dem sich nach 1948 der Staat Israel entfalten konnte. Über Jahrzehnte hinweg stellten sie die politische, wirtschaftliche, militärische und kulturelle Elite.

Diese Dominanz gründete sich nicht allein auf politische und ökonomische Macht, sondern auch auf kulturelle Hegemonie. Die europäischen Zionisten hatte mit der Staatsgründung zugleich eine kulturelle Revolution angestrebt: die Formung eines Neuen Juden, der die Existenz

Einwanderungsland Israel

Leitbild des zionistischen Pioniers

der jüdischen Gemeinden in der Diaspora über-
windet und im unabhängigen Staat eine neue
kollektive jüdisch-israelische Identität entwickelt. Die Einwanderer sollten ihre spezifischen
kulturellen Eigenheiten und Traditionen aufge-
ben und zu einer neuen, einheitlichen Nation
verschmelzen. Dieses Leitbild des zionistischen
Pioniers in seiner Mischung aus nationalisti-
schen und sozialistischen Ideen war ebenso europäisch geprägt wie die Vorstellung Israels als ein
moderner, säkularer Staat.

Orientalische Juden

Nach der Staatsgründung kam die Mehrzahl der
jüdischen Neueinwanderer jedoch nicht aus dem
Westen, sondern aus Nordafrika und Asien. Nach
dem Krieg von 1948/49 fühlten sich viele jüdische Gemeinden in den arabischen Staaten in
ihrer Existenz bedroht. In der Folge wanderten
hunderttausende Juden aus Marokko, Jemen,
Irak, Ägypten und anderen Staaten nach Israel
ein. Die orientalischen Juden (Misrachim) ent-
sprachen jedoch nicht dem kulturellen Modell
der europäischen Juden: Aufgrund ihres sprach-
lich-kulturellen Habitus wie ihrer (religiösen)
Traditionen und Bräuche wurden sie als primitiv
und rückständig orientalisiert und stigmatisiert.

Aschkenasim vs. Misrachim

Im Sinne der zionistischen Ideologie einer
Schmelztiegelgesellschaft verlangte der säkulare
Zionismus von den orientalischen Einwanderern
einen nachholenden Prozess der Modernisierung:
Durch spezielle Erziehungsprogramme sollten
sie gemäß den Vorstellungen der europäischen
Elite umgeformt werden. Solange dies jedoch

nicht gelang, blieben die orientalischen Juden politisch, kulturell, geographisch und ökonomisch marginalisiert. Die Ansiedlung in den Entwicklungsstädten an der Peripherie des Landes befestigt bis heute die ökonomische Benachteiligung der orientalischen Einwanderer. Trotz aller Verbesserungen der sozio-ökonomischen Lage und der Förderung im Bildungsbereich – die soziale Stratifikation der jüdischen Bevölkerung deckt sich noch immer weitgehend mit der ethnischen Zugehörigkeit: Die armen und arbeitenden Klassen sind vorwiegend orientalisch, die Mittelschichten – bei aschkenasischer Dominanz – ethnisch gemischt und die obere Mittelschicht sowie die Elite vor allem aschkenasisch.

Erst nach und nach werden diese ethnischen Schranken überwunden. Dazu trug das wachsende Selbstbewusstsein der Misrachim bei: Lange Zeit wurde jegliche Form der Mobilisierung auf Basis einer ethnisch definierten Identität der orientalischen Juden in Israel abgelehnt – eine solche Bewegung widersprach dem Ideal der nationalen Einheit und wurde als Bedrohung des zionistischen Ethos aufgefasst. Dieses Ideal von Homogenität und Assimilation wird zunehmend von misrachischen Juden herausgefordert, die gegen ihre Diskriminierung protestieren und die Anerkennung ihrer Lebensweise ebenso wie die ökonomische Gleichstellung einfordern. Immer offensichtlicher wird, dass die eingewanderten Juden keineswegs ihre Traditionen und Geschichte abstreifen, sondern diese in Israel als Bestandteil der israelischen Gesellschaft weiterpflegen.

Überwindung der Schranken

Dies zeigt sich auch bei der Einwanderung der russischsprachigen Juden. Seit dem Jahr 1989 kamen über 900000 Zuwanderer aus der ehemaligen Sowjetunion nach Israel. Zusammen mit den russischen Einwanderern früherer Jahrzehnte stellen sie fast zwanzig Prozent der gesamten jüdischen Bevölkerung. Sie wurden von der israelischen Gesellschaft offen empfangen, stärkten sie doch die jüdische Bevölkerungsmehrheit in Israel. Ihr hoher Bildungsgrad trug zu einem kulturellen, wissenschaftlichen und sportlichen Aufschwung Israels bei. Allerdings waren die russischen Einwanderer nicht bereit, sich kulturellen oder religiösen Normen zu unterwerfen. Vielmehr legen sie hohen Wert auf kulturellen Zusammenhalt – zahlreiche russischsprachige Zeitungen und Fernsehsender, Kulturvereine, Geschäfte und Parteien wurden gegründet. Viele russischsprachige Juden leben in eigenen Stadtvierteln, in denen Russisch über das Hebräische dominiert. Trotz aller Probleme (Kriminalität, Arbeitslosigkeit, Alkoholkonsum) bedeutet dies jedoch keineswegs, dass die Integration der russischsprachigen Juden gescheitert ist. Ganz im Gegenteil nehmen sie an gesamtgesellschaftlichen Debatten teil und bringen sich in Politik, Gesellschaft und Kultur ein.

Israel ist demnach keine homogene oder europäische Gesellschaft. Die Vorstellung der Gründerväter, die Einwanderer würden ihre alten Identitäten abstreifen und sich vollständig assimilieren, hat sich nicht erfüllt. Stattdessen entwickelt sich Israel zu einer multikulturellen und multiethnischen Gesellschaft, in der die Heterogenität der Bevölkerung akzeptiert und anerkannt wird. Irakische, marokkanische oder russischsprachige Juden können ihre eigenen Traditionen und Lebensweisen pflegen. Dennoch aber existieren Ressentiments und Stereotype gegen Einwandergruppen. Vor allem äthiopische Juden werden immer wieder Opfer von Diskriminierungen und rassistischen Beleidigungen, die jedoch von zivilgesellschaftlichen Organisationen in der Öffentlichkeit thematisiert und bekämpft werden. Das schwierige Verhältnis zur arabischen Minderheit, die ebenfalls Teil der israelischen Gesellschaft ist, wurde bereits ausführlich thematisiert.

Darüber hinaus sind in den letzten Jahren vermehrt nicht-jüdische Arbeitskräfte aus Südostasien, Rumänien und anderen Regionen nach Israel gekommen. Viele von ihnen bleiben auch nach Ablauf ihres Arbeitsvisums in Israel und tragen so zur ethnischen und kulturellen Vielfalt bei. Avraham Burg beschreibt diesen Wandel anschaulich: »Während vieler Jahre haben wir an den ›melting pot‹, an den Schmelztiegel, geglaubt. Das Rezept war einfach. Man nehme zwei Marokkaner, zwei Russen, zwei Äthiopier, man schüttle sie gut – und dann, siehe da, haben wir einen neuen israelischen Prototyp, bei dem alles ›israelisch‹ aussieht. Nach ein paar Jahren aber erkennt man, dass jeder seine eigene Identität behalten will. Israel verändert sich heute von einer Schmelztiegel-Gesellschaft zu einer Mosaik-Gesellschaft.«

Nicht-jüdische Arbeitskräfte

Israels Wirtschaft

Besitzt Israel eine kollektivistische Wirtschaftsordnung?

Kibbutzim als Grundpfeiler

Für viele Besucher und Interessierte üben die israelischen Kibbutzim (Plural von Kibbutz) bis heute eine große Anziehungskraft aus: Ihre egalitäre und genossenschaftlich organisierte Struktur gilt weltweit als (erfolgreich realisierte) Alternative zum kapitalistischen Wirtschaftssystem. Zu den historischen Grundsätzen der Kibbutzim gehört es, dass die Mitglieder kein Eigentum besitzen, sondern ihre Arbeitsleistung unentgeltlich für das Kollektiv einbringen. Im Gegenzug stellte der Kibbutz Wohnung, Kleidung und medizinische Versorgung zur Verfügung. In der gemeinsamen Kantine werden die Mitglieder verpflegt. Zudem wechseln alle wichtigen Ämter und die Besetzung der Arbeitsplätze nach einem

Faszination Kibbutz

Feldarbeit in einem Kibbutz

Rotationsprinzip, um Demokratie und Gleichberechtigung zu sichern. Die Kibbutzim erfüllten
in der vorstaatlichen Zeit wichtige Funktionen:
Durch ihre kollektivistische Struktur konnte
trotz geringer Ressourcen Boden dauerhaft in Besitz genommen und verteidigt werden, sie machten Boden fruchtbar, schufen Arbeitsplätze und
integrierten Neueinwanderer. Die Mitglieder der
Kibbutzim, geprägt von sozialistischen Idealen,
die den Dienst an der Gemeinschaft höher bewerten als persönliche Interessen, stellten (auch
nach der Staatsgründung) die Elite der israelischen Gesellschaft dar.

**Kolonisierung
und Kooperation**

Die kooperative Wirtschaftsstruktur erklärt sich
vor allem aus den spezifischen historischen Um-
ständen einer Kolonisierung ohne Mutterland.
Ziel der zionistischen Bewegung war der Aufbau
einer eigenen, unabhängigen Wirtschaft, die
Schaffung einer jüdischen Arbeiterklasse und die
Integration der Neueinwanderer. Da der Privat-
sektor nur schwach ausgeprägt war, übernahmen
(quasi-)staatliche Organisationen diese Aufgaben.
Eine wichtige Rolle spielte auch die Gewerkschaft
Histadrut, welche nicht nur die Interessen der
Arbeiter vertrat, sondern selbst zahlreiche Wirt-
schaftsunternehmen gründete und auch nach der
Staatsgründung die israelische Ökonomie domi-
nierte. So gehörte das größte Bauunternehmen,
Solel Boneh, ebenso der Histadrut wie die größte
Bank, Bank HaPoalim.

**Eine »gemischte
Ökonomie«?**

Das Ziel der politischen Führung bestand jedoch
keineswegs im Aufbau einer sozialistischen Wirt-

schaftsordnung. Ben Gurion strebte stattdessen eine »gemischte Ökonomie« an, in der kooperative Sektoren ebenso Platz haben sollten wie Privateigentum und Unternehmertum. Dennoch war Israel zunächst ein in hohem Maße dominanter und zentralisierter Staat: Um die wichtigsten Aufgaben – die Versorgung der Bevölkerung mit Grundgütern, der Aufbau von Infrastruktur und Industrien – bewerkstelligen zu können, wurden Landbesitz sowie Schlüsselindustrien nationalisiert und Kapitalimporte aus dem Ausland (durch jüdische Gemeinden oder westdeutsche Reparationszahlungen) vom Staat kontrolliert. Neue Betriebe entstanden vor allem im staatlichen Sektor. Eine Politik der Importsubstitution und Exportförderung schützte die israelische Industrie vor ausländischer Konkurrenz, wodurch die israelische Wirtschaft ab Mitte der 1950er Jahre ein schnelles Wachstum erlebte.

Der Krieg von 1967 und die Eroberung des Westjordanlandes und des Gaza-Streifens hatten wichtige Folgen für die ökonomische Struktur Israels. Die besetzten Gebiete vergrößerten den Absatzmarkt für israelische Produkte, billige palästinensische Arbeitskräfte verrichteten zunehmend physisch anstrengende Arbeiten (beispielsweise im Baugewerbe) im israelischen Kernland und die natürlichen Ressourcen des Westjordanlandes (vor allem Wasser) wurden von Israel angeeignet. Die israelische und palästinensische Wirtschaft sind seitdem eng miteinander verflochten. Gleichzeitig hatten der Krieg und das Waffenembargo durch den wichtigen

Der Krieg von 1967 und seine Folgen

Rüstungslieferanten Frankreich in der israelischen Regierung die Überzeugung gestärkt, eine eigene, autarke Rüstungsindustrie aufbauen zu müssen. Die Produktion militärischer Güter entwickelte sich danach rasant und wurde in den 1970er Jahren zum wichtigsten Exportbereich Israels.

Wirtschaftliche Stagnation

Ab Mitte der 1980er Jahre stagnierte jedoch die israelische Wirtschaft. Viele staatliche Betriebe erwiesen sich zunehmend als unrentabel, die Preise für Rohstoffimporte waren stark angestiegen und der Exportmarkt für israelische Güter zusammengebrochen. Zu einem drängenden Problem wurde insbesondere die hohe Inflationsrate – sie erreichte 1984 vorübergehend 445 Prozent. Die israelische Regierung verabschiedete daraufhin einen Notstandsplan, um die Krise zu bewältigen. Dieser leitete eine grundlegende Umstrukturierung der israelischen Ökonomie ein. Zentrales Ziel war die Liberalisierung der israelischen Wirtschaft und ihre Integration in den Weltmarkt. Zu diesem Zweck sollten unrentable staatliche und gewerkschaftseigene Betriebe geschlossen und staatliche Subventionen gekürzt werden. Wirtschaftspolitisch orientiert sich Israel seitdem am Leitbild einer liberalisierten Marktwirtschaft: Entsprechend wurden schrittweise die Ausgaben des öffentlichen Sektors gesenkt und die zentrale Rolle des Staates reduziert.

Liberalisierung der Wirtschaft

Die Krise der 1980er Jahre und das daran anschließende Reformprogramm trafen die Stützen des kooperativen Sektors besonders hart. Viele gewerkschaftseigene Betriebe der Histadrut wurden privatisiert oder geschlossen. Kontrollierte die israelische Gewerkschaft in den 1970er Jahren noch 25 Prozent der israelischen Wirtschaftsunternehmen, so hat sie in den letzten Jahrzehnten deutlich an Macht und Einfluss verloren. Inzwischen versteht sich die in »Neue Histadrut« umbenannte Gewerkschaft in erster Linie als Interessenvertretung der Arbeitnehmer.

Auch innerhalb der Kibbutzim löste die Wirtschaftskrise ein Erdbeben aus. Viele Kibbutzim hatten sich verschuldet, zahlreiche kibbutzeigene Industriebetriebe waren unrentabel und immer mehr junge Leute verließen den Kibbutz und suchten ihr Glück in der Stadt. Um die ökonomischen Probleme zu lösen und den Kibbutz wieder attraktiver zu machen, führten einige grundlegende Veränderungen ein. So wurden die Wohnungen privatisiert, differenzierte und nicht mehr einheitliche Gehälter an die Mitglieder gezahlt und die genossenschaftlichen Anteile an den Produktionsmitteln auf die Mitglieder verteilt. Diese Reformen lösten eine ideologische Krise und heftige Diskussionen innerhalb der Kibbutzbewegung aus: Wandelt sich der Kibbutz in eine »normale« dörfliche Ansiedlung? Was bleibt von Prinzipien wie Gleichheit, Kollektivität und gegenseitiger Verantwortung? Die Mehrheit der Bewohner befürwortete jedoch die eingeleiteten Veränderungen und versucht seither eine Balance zwischen der Integration in die israelische Marktwirtschaft und den Werten der Kibbutzbewegung zu finden. Nur eine Minder-

Wandel der Kibbutzim

heit lehnt jeglichen Wandel ab und fordert, zu den ursprünglichen Idealen kollektiven Zusammenlebens zurückzukehren.

Bastionen des Staates Die israelische Wirtschaft war lange durch die enge Verflechtung von privatem, gewerkschaftseigenem und staatlichem Sektor und die Dominanz der Politik auch im ökonomischen Bereich charakterisiert. Mit der seit Mitte der 1980er Jahre betriebenen Politik der Liberalisierung, Marktöffnung und Privatisierung hat sich das Verhältnis von Staat und Ökonomie stark verändert – der staatliche Sektor schrumpft und zieht sich schrittweise aus der Wirtschaft zurück. Dies gilt jedoch nicht für alle Sektoren: Angesichts der anhaltenden Spannungssituation in der Region nimmt der Staat weiterhin großen Einfluss auf strategisch und sicherheitspolitisch wichtige Wirtschaftsbereiche, allen voran in der Rüstungsindustrie, aber auch in der Strom- und Wasserversorgung.

Ist Israel ein Wirtschaftswunderland?

Entwicklung der israelischen Ökonomie

Die natürlichen Bedingungen für eine positive wirtschaftliche Entwicklung Israels waren eher ungünstig. Das Land verfügt über keine Energieträger und keine rentabel abbaubaren Rohstoffe, leidet unter Wassermangel und ist – bis heute – wenig in die ökonomischen Strukturen der Region eingebunden. Dennoch hat sich Israel seit seiner Gründung zu einem wirtschaftlich starken Land entwickelt, dessen Bruttoinlandsprodukt pro Kopf bei über 28 000 US-Dollar (2008) und damit vor einigen europäischen Ländern liegt. Zugleich hatte Israel enorme Herausforderungen zu bewältigen: Millionen von Einwanderern mussten integriert werden, zudem belasten die hohen Verteidigungsausgaben noch immer den Haushalt.

Widrige Bedingungen

Die Struktur der israelischen Wirtschaft hat sich in den letzten sechzig Jahren freilich grundlegend verändert. Israel hat sich von einer semi-agrarischen zu einer modernen Dienstleistungsgesellschaft gewandelt – nicht mehr die Jaffa-Orange ist Israels größtes Exportgut, sondern Produkte der Hochtechnologie. Zwar besitzt Israel noch immer eine hoch leistungsfähige Landwirtschaft, und israelische Bewässerungsmethoden gelten weltweit als führend, doch ist ihr Anteil am Bruttosozialprodukt auf vier Prozent gesunken. Auch traditionelle Industriezweige haben in Israel an Bedeu-

Strukturwandel

tung verloren, viele Betriebe wurden in Länder mit niedrigeren Lohnkosten ausgelagert. Stattdessen setzt Israel verstärkt auf wissens- und technologieintensive Bereiche, für die das hohe Bildungsniveau der Bevölkerung wichtig ist.

Israel – ein High-Tech-Land

Nach der ökonomischen Krise Mitte der 1980er Jahre hatte Israel auf die Liberalisierung seiner Wirtschaft und die Einbindung in den Weltmarkt gesetzt. Sowohl mit der Europäischen Union wie mit den USA konnten Freihandelsabkommen abgeschlossen werden. Eine Folge dieser wirtschaftspolitischen Neuausrichtung war die Förderung von Hochtechnologien. Unternehmen des High-Tech-Sektors profitierten zudem vom hohen Bildungsniveau der russischsprachigen Neueinwanderer Anfang der 1990er Jahre. Israel entwickelte sich zum »Silicon Valley des Nahen Ostens«: Zahlreiche Innovationen wie der USB-Stick stammen aus Israel, große multinationale Konzerne haben Entwicklungszentren im Land eröffnet. Damit hat jedoch zugleich die Abhängigkeit Israels vom Weltmarkt zugenommen: Als die New-Economy-Blase im Jahr 2000 weltweit platzte, stürzte auch die israelische Wirtschaft ab.

Wandel der Gesellschaft

Mit diesem ökonomischen Wandel haben sich zugleich das Konsumverhalten und die Alltagskultur verändert. Das idealtypische Bild des israelischen Pioniers, der sich für das Kollektiv opfert und das Land bearbeitet, gehört längst der Vergangenheit an. Insbesondere im Großraum Tel Aviv ist eine neue ökonomische Elite entstanden, für die individuelle Selbstverwirklichung und Wohlstand vor nationalen Zielen stehen. Einige Kritiker sprechen von einer Amerikanisierung der israelischen Gesellschaft.

Die Kehrseite dieser wirtschaftlichen Entwicklung, vor allem der Liberalisierung seit den 1980er Jahren sind eine wachsende wirtschaftliche Ungleichheit und eine immer sichtbarer werdende Verarmung von Teilen der Bevölkerung. Der israelische Staat hat die öffentlichen Ausgaben drastisch gesenkt – vor allem im Bereich der staatlichen Versorgungsleistungen. So wurden beispielsweise die Subventionen für Grundnahrungsmittel, den öffentlichen Transport und das Bildungswesen gesenkt. Dies geschah zu einer Zeit, als der Strukturwandel der israelischen Wirtschaft dazu führte, dass viele Beschäftigte in der Industrie ihre Arbeitsplätze verloren. Davon waren insbesondere die Angehörigen ärmerer Schichten, mehrheitlich Misrachim (orientalische Juden) und israelische Araber, betroffen. In den Entwicklungsstädten am Rand des Landes und in den arabischen Orten stieg die Arbeitslosenquote daraufhin an. Von den Privatisierungen profitierten hingegen nur wenige, vor allem aschkenasische jüdische Männer, die das notwendige ökonomische, kulturelle und soziale Kapital besaßen. Diese konnten staatliche Betriebe zu günstigen Konditionen übernehmen. Die Liberalisierung der Wirtschaft trug daher zu einer Umverteilung des Reichtums von unten nach oben und damit zu einer sozio-ökonomischen Polarisierung bei. Die Schere zwischen Arm und Reich

Wachsende Ungleichheit

ist in Israel so hoch wie in keinem anderen Industrieland mit Ausnahme der USA. Über ein Drittel aller Kinder lebt unterhalb der Armutsgrenze, während zugleich 16 Familien etwa ein Fünftel der Einnahmen der 500 führenden Unternehmen (außer Diamanten) kontrollieren. Diese soziale Kluft, die Erosion gesellschaftlicher Solidarität und die besondere Benachteiligung bestimmter ethnischer Gruppen birgt ein hohes Konfliktpotential im Inneren, welches derzeit von der äußeren Sicherheitsbedrohung nur überdeckt wird.

Der Konflikt mit den Palästinensern

Erhebt Israel Anspruch auf das ganze Land zwischen Mittelmeer und Jordan?

Israelische Siedlungspolitik

Als Herzl seine Vision vom »Judenstaat« pro-
klamierte, war unklar, wo dieser Staat verwirklicht
werden sollte. Herzl erwog mehrere Alternativen,
darunter auch den britischen Vorschlag eine jüdische Heimstätte in Ostafrika zu gründen. Das sogenannte »Uganda-Projekt« provozierte jedoch
wütende Kritik und machte deutlich: Als territo-
riales Ziel der zionistischen Bewegung kam nur
Palästina in Betracht. Allein die Erinnerung und
Bindung an das Land Israel (Eretz Israel) und sein
symbolisches Zentrum, den Berg Zion in Jerusalem, erwies sich auch unter nichtreligiösen Juden
als stark genug, um die notwendige (emotionale)
Anziehungskraft für die Verwirklichung der zionistischen Utopie zu entfalten. Der staatsbildende
Zionismus reklamierte für sich entsprechend ein
»historisches Recht« auf Eretz Israel. Wo die Grenzen dieses Anspruchs jedoch genau verlaufen sollten, blieb unbestimmt und innerhalb der zionistischen Bewegung umstritten.

Eretz Israel

Pragmatischer Landkauf

Die bestimmende Strömung des vorstaatlichen Jischuw handelte pragmatisch, kaufte das Land dort, wo es verfügbar war – entlang des Küstenstreifens. Oberstes Ziel war die Gründung eines modernen Staates und nicht die Rückkehr zu biblischen Orten. Die Grenzen des 1948 gegründeten Staates erfüllten nicht alle territorialen Hoffnungen und insbesondere nationalistische und religiöse Strömungen träumten weiter von Eretz Israel ha-shlema, dem ganzen Land Israel. Der erste Ministerpräsident Israels, David Ben Gurion, konzentrierte sich hingegen auf den Aufbau des Staates. Auf die Frage der Journalistin Geula Cohen, was er auf die Frage seines Enkels nach den Grenzen des Heimatlandes erwidern würde, antwortete er 1967 vor Ausbruch des Krieges: »Die Grenzen deines Heimatlandes, mein Enkel, sind die Grenzen des heutigen Staates Israels.«

Die besetzten Gebiete

Der Krieg von 1967 veränderte die Situation grundlegend. Israel hatte keineswegs geplant, das Westjordanland zu erobern, ganz im Gegenteil wurde alles unternommen, um den Krieg auf die ägyptische Front zu beschränken und den Kriegseintritt Jordaniens zu verhindern. Die Eroberung der Klagemauer und der biblischen Stätten löste in der israelischen Gesellschaft jedoch eine ungeheure Euphorie aus, von der auch Teile der politischen Führung ergriffen wurden. Verteidigungsminister Moshe Dayan, der zunächst von der Eroberung der Altstadt Jerusalems absehen wollte, da Israel diesen »Vatikan« nicht bräuchte, betonte wenig später die tiefe historische und emotionale Verbindung des jüdischen Volkes mit den eroberten Gebieten. Über die Zukunft der besetzten Gebiete herrschte jedoch keine Einigkeit innerhalb der politischen Führung. Ministerpräsident Levi Eshkol betrachtete die Gebiete als Faustpfand für Friedensverhandlungen, andere wollten strategisch wichtige Zonen besiedeln, die arabischen Bevölkerungszentren hingegen wieder loswerden und nicht wenige strebten die dauerhafte Besetzung aller eroberten Territorien an. Angesichts dieser Meinungsdifferenzen wurde die israelische Kontrolle über die Gebiete aufrechterhalten, ohne abschließend über ihre Zukunft zu entscheiden.

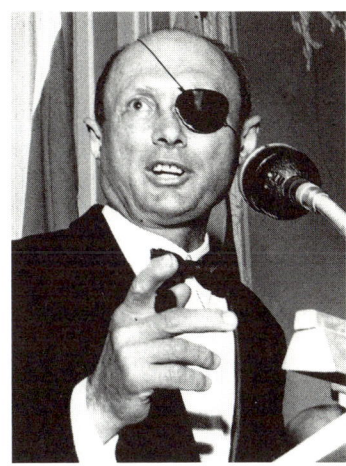

Moshe Dayan

Für viele religiöse Juden hatte der Staat Israel einen entscheidenden Geburtsfehler: Er wurde nicht im biblischen Urland, Judäa und Samaria, sondern in der Küstenebene und im Negev errichtet. Dies hatte sich mit dem Krieg von 1967 geändert. Der militärische Sieg und die Wiederverbindung des Judentums mit religiösen Stätten wurden von einer Gruppe junger religiöser Zionisten in Jerusalem als Bestätigung ihrer messianischen Deutung des zionistischen Projekts angesehen. Für sie musste der göttliche Anspruch auf das ganze Land nun aktiv durchgesetzt werden. Noch im Jahr 1967 begannen erste Aktivis-

Besiedlung des Westjordanlandes

tengruppen mit der Besiedlung des Westjordanlandes in Kfar Etzion und Hebron.

Siedlungspolitik Diese beiden Siedlungen bildeten jedoch nur den
Auftakt einer umfassenden und auch staatlich organisierten Besiedlung des Westjordanlandes
und des Gaza-Streifens. Bis heute hat sich dort
ein komplexes Gebilde mit rund 130 Siedlungen
und 300.000 Siedlern entwickelt. Entlang der
Waffenstillstandslinien von 1949, der sogenannten Grünen Linie, und des Jordantals sind große
Siedlungen entstanden, die teilweise zu eigenständigen Städten mit über 30.000 Einwohnern
angewachsen sind. Angelegt sind die Siedlungen
als Wehrdörfer, von Zäunen umgeben und durch
ein separates Straßennetz miteinander verbunden, sodass ein zügiges Durchqueren des Westjordanlandes möglich ist.

Beweggründe Dieses Wachstum der Siedlungen war nur durch
der Siedler staatliche Unterstützung möglich. Insbesondere
der Likud (aber auch die Arbeitspartei) hat den
Bau von Siedlungen massiv gefördert – durch
Subventionen für den Häuser- und Straßenbau
sowie durch Steuervergünstigungen. Dadurch
wurde ein Leben in den besetz-
ten Gebieten auch für säkulare
Israelis attraktiv, die die Ideologie der religiösen Siedler nicht
teilten, jedoch aus Gründen hö-
herer Lebensqualität in die Siedlungen zogen. In den letzten
Jahren sind zudem ultra-orthodoxe Siedlungen
entstanden, um den Mangel an geeignetem Wohn-

**Likud: der Zusammen-
schluss; das größte
konservative Parteien-
bündnis in Israel**

raum in den ultra-orthodoxen Vierteln zu besei-
tigen. Die Gründe, warum Israelis in die Siedlungen gezogen sind, sind ebenso unterschiedlich
wie ihre Einstellungen hinsichtlich der Zukunft
der besetzten Gebiete.

Das Siedlungsprojekt findet nicht auf unbe-
wohntem Gebiet statt, sondern inmitten eines
Geflechts palästinensischer Dörfer und Städte
mit etwa 2,5 Millionen Menschen sowie Ländereien, die den palästinensischen Bauern als
wichtige Lebensgrundlage dienen. Das Leben der
palästinensischen Bewohner in den besetzten
Gebieten unterliegt massiven Restriktionen: Ihre
Bewegungsfreiheit ist durch Checkpoints be-
hindert, der Zugang zu Feldern und Äckern
eingeschränkt, die Entwicklung von Industrie,
Landwirtschaft oder neuen Wohngebieten kaum
möglich. Inzwischen haben jüdische Siedlungen
rund 40 Prozent des Westjordanlandes eingenommen. Für die palästinensische Seite gelten
das Siedlungsprojekt und die damit einhergehende Landnahme und Besatzung als größtes
Hindernis für eine Friedensregelung.

Restriktionen der Palästinenser

Der mit der Unterzeichnung der Prinzipienerklärung im September 1993 einsetzende Friedensprozess eröffnete wieder die Debatte um die
Grenzen Israels und damit auch die Zukunft der
besetzten Gebiete. Der »Geist von Oslo« beinhaltete eine klare Absage an religiöse Konzeptionen
von Eretz Israel und mythische Legitimations-
begründungen – der Historiker Dan Diner beschreibt den Oslo-Prozess in diesem Sinne als

Oslo und die Folgen

»Rückzug aus den Gebieten exaltierter eschatologischer Erregung in die Ernüchterung säkularer Gegenwarten«. Die Regierung Rabin hatte die legitimen Rechte des palästinensischen Volkes auf (Teile) Palästinas anerkannt, die Einrichtung eines Staates-in-Erwartung gestattet und sich (oft vorübergehend) aus wichtigen palästinensischen Städten und dem Gaza-Streifen zurückgezogen. In dieser Zeit gab es auch in der israelischen Gesellschaft eine Bewegung hin zur Unterstützung territorialer Kompromisse mit den Palästinensern.

Widerstand gegen Oslo

Religiöse und nationalistische Siedler und ihre Unterstützer hingegen leisteten erbitterten Widerstand, sie lehnten und lehnen auch weiterhin jegliche territorialen Konzessionen ab. Es sind nun aber genau jene ideologischen Siedler, die in kleinen Siedlungen im Herzen des Westjordanlandes und um palästinensische Siedlungsgebiete herum wohnen und durch diese Lage die Gründung eines zusammenhängenden palästinensischen Staates behindern. Die eher kompromissbereiten Siedler leben hingegen in großen Siedlungen nahe der Grünen Linie, welche in vielen Friedensplänen im Zuge eines Landtausches dauerhaft bei Israel bleiben sollen.

Scharon und die Räumung besetzter Gebiete

Trotz dieses bedeutsamen Wandels in der israelischen Gesellschaft und Politik wurde während des Oslo-Prozesses keine Siedlung geräumt, die Zahl der Siedler stieg im Gegenteil immer weiter. Erst im Jahr 2005 ließ ausgerechnet der damalige Ministerpräsident Ariel Scharon, der als Vater des Siedlungsprojektes gilt, den gesamten Gaza-Strei-

DER KONFLIKT MIT DEN PALÄSTINENSERN

fen sowie vier Siedlungen im Westjordanland räumen. Die strategische Allianz zwischen der religiösen Siedlerbewegung und der säkularen israelischen Rechten ist damit erschüttert worden. Die Gründe für diese Entscheidung Scharons mögen vielfältig sein, Kritiker sehen im Rückzug aus dem Gaza-Streifen allein den Versuch, die Kontrolle über das Westjordanland zu sichern. Die (vorsichtige) Abkehr eines Teils der israelischen Rechten von einem territorialen Maximalismus ist jedoch hauptsächlich in der demographischen Entwicklung begründet. So hatte Scharon den Rückzug mit der Notwendigkeit

Ariel Scharon

der Trennung von einem großen Teil der palästinensischen Bevölkerung gerechtfertigt, um den jüdischen und demokratischen Charakter Israels bewahren zu können. Eine Mehrheit der israelischen Bevölkerung wie der israelischen Rechten sieht in der Existenz eines jüdischen Staates die raison d'être der zionistischen Bewegungen und ist daher eher bereit, auf die Ganzheit des Landes zu verzichten als auf den jüdischen und demokratischen Charakter des Staates.

Die Zukunft der besetzten Gebiete ist in Israel hochgradig umstritten – die Friedensbewegung drängt auf die baldige Realisierung einer Zwei-Staaten-Lösung, während die Siedler jegliche Rückzüge bekämpfen. Diese Auseinanderset-

Zwei-Staaten-Lösung?

zung spaltet die israelische Gesellschaft und birgt ein hohes Konfliktpotential, welches sich bereits in Gewaltakten geäußert hat. So wurde der israelische Ministerpräsident Jitzhak Rabin im November 1995 von einem Gegner seiner Friedenspolitik ermordet.

Ist Jerusalem die unteilbare Hauptstadt des israelischen Staates?

Die Bedeutung Jerusalems

Jerusalem stellt einen besonderen Erinnerungs- ort für das Judentum dar: Mit der Zerstörung des zweiten Tempels durch Titus im Jahr 70 und der Verbannung im Jahr 135 beginnt die Zeit der Di- aspora. Die Erinnerung an Jerusalem konnte je- doch in Gebeten und Ritualen wach gehalten werden: So endet das jährliche Pessachfest mit dem Wunsch »Nächstes Jahr in Jerusalem«. Die- ser Wunsch drückte jedoch lange Zeit eher die Sehnsucht nach der eschatologischen Erfüllung durch die Ankunft des Messias aus, denn kon- krete Pläne für eine Rückkehr nach Jerusalem. Erst die zionistische Bewegung setzte die »Zions- sehnsucht« in konkrete Taten um. Zur Mobilisie- rung und Legitimierung ihrer Ziele berief sie sich auch auf Jerusalem als Emotionen evozierendes Symbol. Das irdische Jerusalem hingegen stand nicht im Zentrum der zionistischen Kolonisie- rung. Nach den Teilungsplänen der Vereinten Na- tionen sollte Jerusalem auch nicht zum jüdischen Staat gehören, sondern unter internationale Ver- waltung gestellt werden.

»Nächstes Jahr in Jerusalem«

Im Krieg von 1948 konnte Israel jedoch den Westteil Jerusalems erobern, der Ostteil der Stadt blieb hingegen unter jordanischer Verwaltung – darunter auch die Altstadt. Den Israelis blieb da- mit der Zugang zum Tempelberg und zur Klage-

Eroberung des Tempelbergs

mauer, also den symbolisch so bedeutsamen Orten, verschlossen. Dies änderte sich erst mit dem Krieg von 1967. Die israelische Gesellschaft feierte den Sieg und die Eroberung Jerusalems als Bestätigung der historischen (und göttlichen) Rechtmäßigkeit ihrer nationalen Existenz im Land Israel.

> **Nach der Eroberung Jerusalems zog der Oberrabbiner der israelischen Armee, Shlomo Goren, mit einer Thora-Rolle in der Hand zur Klagemauer. In einer kurzen, emotionalen Zeremonie blies Goren das rituelle Widderhorn und hielt eine im Radio übertragene Rede: »Die Vision aller Generationen ist vor unseren Augen wahr geworden. Die Stadt Gottes, Ort des Tempels, des Tempelberges und der Klagemauer – Symbol der messianischen Erlösung der Nation – wurde heute erlöst durch euch, die Helden der israelischen Armee.«**

Jerusalem – Hauptstadt Israels?

Israel hatte Jerusalem bereits 1950 zur Hauptstadt erklärt und diesen Status 1980 auch auf Ostjerusalem übertragen: In einem Grundgesetz wird Jerusalem als »vollständige und vereinigte« Hauptstadt Israels festgelegt. De facto war Ostjerusalem bereits direkt im Anschluss an den Krieg von 1967 annektiert worden, die heiligen Stätten der Muslime werden jedoch bis heute relativ autonom durch die Waqf

Waqf (arab.): fromme Stiftung

Behörde verwaltet. Von der internationalen Gemeinschaft wird Jerusalem jedoch nicht als Hauptstadt Israels anerkannt – die Botschaften blieben in Tel Aviv angesiedelt.

Die Heilige Stadt

Die Zukunft Jerusalems ist ein zentraler Streitpunkt zwischen Israelis und Palästinensern, beide erheben konkurrierende Ansprüche auf die Stadt. So ist Jerusalem nicht nur für Juden eine heilige Stadt, sondern ebenso für Christen und Muslime. Der Prophet Mohammed soll vom Haram ash-Sharif, wie der Tempelberg von Muslimen genannt wird, auf einem geflügelten Pferd in den Himmel aufgestiegen sein. Für Christen wiederum ist Jerusalem heilig, da es der Ort der Leidensgeschichte und der Auferstehung von Jesus Christus ist. Zudem hat auch der palästinensische Nationalkongress im Jahr 1988 al-Quds (wörtlich »Die Heilige«, arabisch für Jerusalem) zu seiner Hauptstadt ernannt. Palästinenser wie Israelis verbinden mit Jerusalem also religiöse und nationale, aber auch territoriale und wirtschaftliche Vorstellungen und Interessen.

Grenzziehungen

Im Konflikt um die Durchsetzung der eigenen Ansprüche versucht Israel seine Kontrolle über ganz Jerusalem zu sichern und Fakten auf dem Boden zu schaffen. So wurden die Grenzen von Jerusalem immer wieder verändert und ausgedehnt, um eine jüdische Bevölkerungsmehrheit zu sichern. Zudem wurde ein Siedlungsring erbaut und hierdurch die Ansiedlung von Juden auch in Ost-Jerusalem gefördert. Der Verlauf des

Sicherheitszaunes bzw. der Mauer orientiert sich auch an diesem Ziel: Er umfasst den Siedlungsring um Jerusalem und ragt dabei weit in das Westjordanland hinein, während viele Jerusalemer Stadtteile mit palästinensischer Bevölkerungsmehrheit außerhalb der Mauer positioniert sind.

Eine geteilte Stadt

Israel erhebt offiziell Anspruch auf das geeinte Jerusalem, in der Lebensrealität ist Jerusalem jedoch eine geteilte Stadt. Kaum ein jüdisch-israelischer Bürger betritt den Ostteil Jerusalems, die Infrastruktur der palästinensischen Stadtteile ist wesentlich schlechter als die Westjerusalems, und nur ein Prozent der rund 240 000 palästinensischen Bewohner Jerusalems hat die israelische Staatsbürgerschaft angenommen. Die Mehrheit lebt mit dem Status einer »ständigen Aufenthaltsberechtigung«, der die bürgerlichen, nicht aber die politischen Rechte beinhaltet.

Jerusalem, Felsendom

Welche Möglichkeiten werden diskutiert, um den Jerusalem-Konflikt zu regeln? Israel beharrt auf der Einheit Jerusalems. Allerdings ist es nicht ausgeschlossen, dass die Palästinenser eine Teilsouveränität über bestimmte Viertel erhalten und insbesondere an der Verwaltung der Altstadt und der Heiligen Stätten beteiligt werden. Da die Palästinenser dem kaum zustimmen werden, existieren alternative Pläne, die auf der ohnehin real existierenden Teilung der Stadt aufbauen. Eine solche Regelung würde beiden Seiten erlauben, Jerusalem bzw. al-Quds zu ihrer Hauptstadt zu erklären. Zudem wird auch über eine Exterritorialisierung Jerusalems nachgedacht – zumindest für die Heiligen Stätten. Bereits in der Resolution 181 der Vereinten Nationen aus dem Jahr 1947 sollte Jerusalem als Corpus Separatum unter internationale Verwaltung gestellt werden.

Die Zukunft Jerusalems

Verweigert Israel den palästinensischen Flüchtlingen die Rückkehr?

Die Flüchtlinge und die Zukunft des Staates Israel

Möglichkeit zur Rückkehr

In den bürgerkriegsähnlichen Auseinandersetzungen 1947 und im Krieg von 1948 flohen rund 760 000 Palästinenser aus dem Gebiet des heutigen Staates Israel oder wurden von dort vertrieben. Nur etwa 100 000 Palästinenser verblieben in Israel und bekamen die israelische Staatsbürgerschaft verliehen. Die Generalversammlung der Vereinten Nationen forderte noch im Jahr 1948, den Flüchtlingen die Möglichkeit zu einer Rückkehr zu geben oder alternativ Entschädigungen zu zahlen.

> In der Resolution 194 heißt es: »Die Vollversammlung beschließt, dass den Flüchtlingen, die in ihre Heimat zurückkehren und in Frieden mit ihren Nachbarn zu leben wünschen, die Rückkehr zum frühestmöglichen praktikablen Zeitpunkt erlaubt werden solle; und dass denjenigen, die es vorziehen, nicht zurückzukehren, eine Entschädigung für ihr aufgegebenes Vermögen gezahlt und für den Eigentumsverlust oder -beschädigung Schadenersatz geleistet werden soll, der nach den Grundsätzen des internationalen Rechts oder nach Billigkeit von den verantwortlichen Regierungen oder Behörden getragen werden soll.«

Israel weigerte sich jedoch, die Flüchtlinge wieder aufzunehmen. Bis 1953 wurde nur 40 000 Palästinensern auf dem Weg der Familienzusammenführung die Rückkehr nach Israel erlaubt.

Die Palästinenser flohen vorwiegend in den Gaza-Streifen und das Westjordanland, aber auch in die angrenzenden arabischen Staaten. Mit Ausnahme von Jordanien weigerten sich die meisten arabischen Gaststaaten, die Flüchtlinge zu integrieren und ihnen die Staatsbürgerschaft zu übertragen. Stattdessen leben viele nach wie vor in prekären Bedingungen in Flüchtlingslagern und sind auf die Versorgung durch die Organisation zur Unterstützung der palästinensischen Flüchtlinge der Vereinten Nationen (UNRWA) angewiesen. Nicht selten wurden die Palästinenser von den arabischen Staaten als politische Manövriermasse gegen Israel missbraucht. Die fehlende politische Lösung des Flüchtlingsproblems hat zu einer Tradierung des Flüchtlingsstatus über mehrere Generationen beigetragen: Von den rund 4,6 Millionen palästinensischen Flüchtlingen heute haben die allermeisten die Herkunftsorte der Flüchtlinge von 1948 nie gesehen. Die Zukunft der Flüchtlinge ist jedoch nicht lediglich eine humanitäre Angelegenheit: Flucht und Vertreibung werden von den Palästinensern als nakba (arabisch für Katastrophe) bezeichnet und sind integraler Bestandteil des palästinensischen Ethos.

Politische Manövriermasse

Die Positionen der Israelis und Palästinenser standen sich lange unversöhnlich gegenüber. Die Palästinenser machten Israel für die Entstehung

Unversöhnliche Positionen

des Flüchtlingsproblems verantwortlich und forderten für jeden einzelnen Flüchtling und seine Nachkommen das Recht auf Rückkehr zum Herkunftsort, der im heutigen Staat Israel liegt. Diese Forderung ist für Israel inakzeptabel. Von offizieller israelischer Seite wurde lange jede Verantwortung für die Entstehung des Flüchtlingsproblems abgelehnt, da dieses durch den Angriff der arabischen Staaten auf Israel 1948 verursacht worden sei. Zudem argumentiert Israel, dass die Rückkehr einer signifikanten Anzahl von Flüchtlingen den jüdisch-zionistischen Charakter des Staates unterminiert und die Sicherheit des Staates gefährdet. Die Forderung der Palästinenser wird daher von vielen Israelis als verdeckter Angriff auf die Existenz des Staates aufgefasst. Zudem existieren die Orte, von denen die Flüchtlinge geflohen sind, nicht mehr oder sind von neuen Bewohnern besiedelt. Dies macht eine Rückkehr unmöglich, ohne dass neues Unrecht geschieht.

Recht auf Rückkehr

Aufgrund dieser scharfen Differenzen wurde eine Regelung des Flüchtlingsproblems im Rahmen des Oslo-Prozess auf die Endstatus-Gespräche verschoben. Während der Verhandlungen in Camp David im Jahr 2000, in Taba und anderen Initiativen wie der Genfer Initiative zeigte sich Israel jedoch flexibler. Der Kompromissvorschlag von Bill Clinton sah beispielsweise vor, dass die palästinensischen Flüchtlinge ein Recht auf Rückkehr besitzen, allerdings nur in das künftige »Heimatland«, den neu zu gründenden palästinensischen Staat. Zudem sollten die Flüchtlinge ebenso die Möglichkeit bekommen, in den gegenwärtigen Aufenthaltsländern und in Israel einen Dauerwohnsitz zu erhalten. Die Wahrnehmung dieser Optionen unterliegt jedoch dem souveränen Ermessen dieser Länder. Israel würde sich verpflichten, eine begrenzte Anzahl aufzunehmen und darüber hinaus sich an finanziellen Entschädigungen zu beteiligen.

In Israel besteht ein breiter Konsens darüber, dass nur eine kleine Zahl von Flüchtlingen zurückkehren kann, soll die demographische Balance gewahrt werden. Allerdings haben historische Forschungen auch der israelischen Öffentlichkeit gezeigt, dass es 1948 zwar keine zentral geplante Vertreibung gegeben hat, lokale Kommandeure jedoch dezentral Palästinenser vertrieben und Fakten auf dem Boden geschaffen haben, die der politischen Führung sehr gelegen kamen. Wichtig für eine Konfliktregelung zwischen beiden Seiten erscheint, dass dieses Unrecht wenigstens symbolisch anerkannt wird.

Symbolische Anerkennung

Will Israel überhaupt Frieden?

Der Oslo-Prozess und seine Folgen

Chancen eines
gescheiterten
Prozesses

Viele Jahre nach dem Scheitern des Friedensprozesses von Oslo und dem Andauern der Besatzung im Westjordanland werfen Kritiker Israel vor, niemals wirklich Frieden gewollt zu haben. Als stärkere Seite im Konflikt mit den Palästinensern habe Israel seinen Anspruch auf ganz Palästina niemals aufgegeben und den Friedensprozess nur dazu genutzt, seine Machtposition auszubauen. Umgekehrt wird den Palästinensern vorgeworfen, Israels Existenz nicht wirklich anerkannt zu haben und die Zwei-Staaten-Lösung lediglich als ersten Schritt auf dem Weg zur Vernichtung Israels zu betrachten. Diese einseitigen Schuldzuweisungen zeigen, welche Enttäuschungen und Frustrationen mit dem Scheitern des Friedensprozesses einhergehen – sie übersehen jedoch, dass der Verhandlungsprozess von Oslo die (zumindest theoretische) Möglichkeit von Frieden eröffnet und einen bedeutsamen Wandel eingeleitet hat.

Kompromisse
auf israelischer
Seite

Jitzhak Rabin und Jassir Arafat sind mit der Unterzeichnung der Prinzipienerklärung im September 1993 bedeutende Konzessionen eingegangen. So wurde von israelischer Seite das Ziel der Souveränität über die besetzten Gebiete aufgegeben. Dies bedeutet mehr als lediglich die Bereitschaft zu einem territorialen Kompromiss, es stellt grundlegende Elemente des zionistischen

Narrativs wie die Berufung auf die Bibel zur Legitimation des Anspruchs auf ganz Eretz Israel infrage. Der israelische Politikwissenschaftler Zeev Sternhell spricht daher von einer »wahren Revolution« für die zionistische Bewegung. Zum zweiten wurde die Palästinensische Befreiungsorganisation (PLO), welche in Israel bis dahin als Terrororganisation betrachtet wurde, als legitime Vertreterin der Palästinenser und Verhandlungspartnerin akzeptiert. Diese Veränderung ist besonders bedeutsam angesichts der Erfahrungen von Krieg und Existenzangst sowie der Erinnerung an die Schoa, die in der israelischen Gesellschaft stets gegenwärtig sind. Der Friedensprozess von Oslo mit seinem Wunsch nach einer Normalisierung der israelischen Existenz fordert daher auch den Primat des Militärischen und die damit einhergehende Politik der militärischen Stärke und der Abschreckung heraus.

Rabin, Clinton und Arafat am 13. September 1993

Auch die PLO hat zentrale Konzessionen gemacht. So wurde das Existenzrecht Israels anerkannt und damit die Teilung des Mandatsgebie-
tes Palästina akzeptiert. Zum anderen ging mit
dem Friedensprozess eine Absage an Gewalt als
Mittel der Konfliktlösung einher. Die PLO hatte
lange Zeit die Zerstörung Israels als politisches
Ziel ausgegeben und war bereit, terroristische
Mittel auf dem Weg dahin einzusetzen. In einem
langen und konfliktreichen Prozess verabschiedete sich die PLO jedoch von diesem Ziel und
übernahm auf dem 19. Palästinensischen Natio-
nalrat im November 1988 die Zwei-Staaten-Regelung.

Tragende Formel des Friedensprozesses war die
Losung »Land für Frieden«. Zunächst jedoch
sollten jene Problemfelder bearbeitet werden, in
denen eine Regelung kurzfristig lösbar erschien.
So sah die Interimslösung einen phasenweisen
Rückzug der israelischen Armee aus den besetzten Gebieten vor. Dort sollte die neu gegründete
und von der palästinensischen Bevölkerung
gewählte palästinensische Autonomiebehörde
die zivile wie die Sicherheitsverantwortung
übernehmen. Ausgeklammert blieben zunächst
strittige Konfliktgegenstände, in denen die
Kluft zwischen beiden Vertragsparteien unüber-
brückbar erschien – darunter Fragen nach dem
Grenzverlauf, der Zukunft der Siedlungen, der
Rückkehr der Flüchtlinge oder dem Status Jerusalems. Während der auf fünf Jahre konzipierten
Interimsperiode sollte jedoch soweit Vertrauen
zwischen Israelis und Palästinensern aufgebaut

werden, um auch diese Kluft überwinden zu können.

Rabin hatte mit der Unterzeichnung der Prinzipienerklärung eine breite Friedenshoffnung in der israelischen Gesellschaft geweckt. Fast fünfzig Jahre nach der Staatsgründung wünschten sich viele Israelis ein Ende der Gewalt und waren bereit, dafür auch Kompromisse zu schließen. Mit der Sicherung der israelischen Existenz durch Friedensvereinbarungen war zudem der Wunsch verbunden, sich den vielfältigen inneren Konflikten zuwenden zu können. Parallel zum Friedensprozess vollzogen sich andere gesellschaftliche Veränderungsprozesse – eine Öffnung der Gesellschaft, die Liberalisierung der Wirtschaft und Reformen des politischen Systems.

Oslo und die israelische Gesellschaft

Diese Hoffnungen wurden jedoch nicht erfüllt – schnell geriet der Friedensprozess ins Stocken. Die Gründe dafür sind bis heute umstritten und Gegenstand von politischen Auseinandersetzungen. Entgegen einseitiger Schuldzuweisungen gab es ein komplexes Zusammenspiel mehrerer Faktoren, die zum Scheitern beigetragen haben. Zum einen weisen die Verträge von Oslo strukturelle Defizite auf: Das Prinzip des Gradualismus, also der schrittweisen Umsetzung von Vereinbarungen, und die Offenheit des Prozesses haben dazu geführt, dass beide Parteien nur wenige Verpflichtungen eingehen mussten und erhebliche Freiräume in der Interpretation besaßen. Zweitens wurden die bestehenden Verpflichtungen nur ungenügend implementiert. Nach seiner

Gründe des Scheiterns

Wahl zum israelischen Ministerpräsidenten im Jahr 1996 drosselte Benjamin Netanjahu das Tempo des Friedensprozesses. Zudem führte die Machtasymmetrie zwischen beiden Parteien dazu, dass Israel weiterhin Fakten auf dem Boden schuf, die dem Geist des Friedensprozesses widersprachen – beispielsweise durch die Fortsetzung der Siedlungstätigkeit. Aber auch gegen die Palästinensische Autonomiebehörde wurden massive Vorwürfe erhoben – von Korruption und Klientelismus bis hin zu einem autoritären Führungsstil. Zudem wurden terroristische Gruppen von der PA nicht immer konsequent bekämpft und anti-israelische Propaganda nicht konsequent unterbunden.

Misstrauen statt Vertrauen

Dies alles hat dazu beigetragen, dass es nicht wirklich zu einem Versöhnungsprozess gekommen ist, dass weiterhin Misstrauen statt Vertrauen zwischen beiden Gesellschaften herrscht. Auf beiden Seiten besteht nach wie vor ein hoher Grad an Unsicherheit über die Absicht des anderen. Wie wichtig jedoch Vertrauen für den Friedensprozess ist, beschreibt der Friedens- und Konfliktforscher Berthold Meyer eindringlich: »Während die Abgabe von Land genau zu bemessen ist, bleibt die Erfüllung des Friedensversprechens offen bis zum Beweis des Gegenteils. Dies fordert von der israelischen Seite einen Vertrauensvorschuss der gerade dem jüdischen Volk äußerst schwerfällt, da in seinem kollektiven Gedächtnis mehr als ein Versuch präsent ist, es zu vernichten.« Dieses Misstrauen wurde von Gegnern des Friedensprozesses auf beiden Seiten geschürt und ausgenutzt.

Zur Erosion des Friedensprozesses und seiner öffentlichen Unterstützung in Israel hat insbesondere die aufkommende Gewalt beigetragen. Die
zweite Intifada, die sich durch ihre Militanz sig-
nifikant von der ersten Intifada unterschied, die
Selbstmordanschläge auch im israelischen Kernland sowie die zunehmende Bedeutung islamisti-
scher Gruppen wie der Hamas und dem Palästinensischen Islamischen Djihad (PIJ) haben zu
einer tiefen Verunsicherung der israelischen Gesellschaft geführt und Vernichtungsängste wieder aufleben lassen. Zwei Entwicklungen tragen
dazu bei: Erstens wurden die realen Leiderfahrungen der Palästinenser in Teilen islamistisch
aufgeladen, zweitens ist der Konflikt mit den
Palästinensern in den regionalen Kontext eingebunden, sodass die Bedrohung durch den Iran
auch auf das israelisch-palästinensische Verhältnis rückwirkt. Die Folge dieser wachsenden
Überlebensängste sind eine Solidarisierung nach
innen (ausgenommen sind die israelischen Araber) sowie eine Militarisierung im Verhältnis zu
den Palästinensern. Stereotype und Feindbilder
haben zugenommen und dazu geführt, dass viele
Israelis keine Empathie mit den Palästinensern
empfinden, Israels Anteil an der Perpetuierung
der Gewalt kaum mehr reflektieren und unilate-
rale Maßnahmen unterstützt werden.

Seit dem Ausbruch der zweiten Intifada im Jahr
2000 ist Gewalt wieder zum Mittel des Konflikt-
austrags geworden. Dan Diner spricht von einer
chronischen Konstellation der Nicht-Anerken-
nung – beide Konfliktparteien können sich der

Anerkennung, das heißt der Respektierung ihrer Staatlichkeit durch den anderen und der Unantastbarkeit des jeweiligen Territoriums, nicht sicher sein. Noch immer kollidieren Ansprüche auf das ganze Land miteinander. Sowohl in Israel wie in den palästinensischen Gebiete mobilisieren Gruppen, die einen territorialen Kompromiss ablehnen, Widerstand gegen Friedensregelungen. Häufig sind diese Gruppen ideologisch und/oder religiös motiviert und bereit, auch Gewalt einzusetzen. Im Fall der Palästinenser mündete dieser innere Konflikt bereits in einer bürgerkriegsähnlichen Situation im Gaza-Streifen. Diese (numerischen) Minderheiten tragen zur inneren Blockade beider Gesellschaften bei. Wie eine Friedensregelung aussehen könnte, wurde in vielen Friedensinitiativen bereits detailliert ausgearbeitet, wie man jedoch die Destruktivität der Gewalt durchbrechen, die Spannungen reduzieren und zum Frieden gelangen kann – dies ist die große Herausforderung im israelisch-palästinensischen Konflikt.

Verletzt Israel permanent die Menschenrechte?

Israel und die besetzten Gebiete

Mit der israelischen Besatzung palästinensischer Gebiete sind Verletzungen der Menschenrechte verbunden, die das Leben der palästinensischen Bevölkerung stark beeinflussen. So wird die Bewegungsfreiheit der Palästinenser von der israelischen Armee massiv eingeschränkt. Zahlreiche Kontrollpunkte und Straßensperren behindern den Transport von Menschen und Gütern. Zudem wurde und wird verstärkt nach Ausbruch der zweiten Intifada ein System getrennter Straßen errichtet – israelischen Siedlern wird so der schnelle Transfer nach Israel erleichtert, während Palästinenser die neuen modernen Straßen nicht benutzen dürfen. Palästinenser werden so daran gehindert, ihre Arbeitsplätze, Schulen oder Ausbildungsplätze zu besuchen und ihre Ländereien zu bewirtschaften.

Eingeschränkte Bewegungsfreiheit

Westbank

Siedlungen und Enteignungen

Die israelischen Siedlungen stellen ein weiteres massives Hemmnis der wirtschaftlichen und urbanen Entwicklung der palästinensischen Gesellschaft dar. Inzwischen haben die jüdischen Siedlungen 40 Prozent des palästinensischen Landes eingenommen, Landenteignungen finden bis heute in großem Stil statt. Aus aktuellen Datenbanken geht hervor, dass es für rund 75 Prozent der Bauten keine staatliche Genehmigung gab und ein Teil der Siedlungen auf palästinensischem Privatbesitz errichtet worden sind – dies ist auch nach israelischer Rechtsprechung untersagt. Die herrschende Interpretation des Völkerrechts geht noch weiter: Demnach verbietet die Genfer Konvention jede Besiedlung militärisch besetzten Landes mit der Zivilbevölkerung des besetzenden Landes.

Ungleiche Behandlung

Im Kampf um das Land greifen die Siedler immer wieder Palästinenser und ihr Eigentum an. Insbesondere die Olivenernte wird regelmäßig gestört: Palästinensische Bauern werden am Betreten ihres Landes gehindert oder die wertvollen Bäume gar entwurzelt. Hinzu kommen auch tätliche Angriffe auf die Bevölkerung selber. Diese Übergriffe werden nur selten von den israelischen Behörden verfolgt, in den wenigen Fällen, in denen Siedler von israelischen Gerichten verurteilt werden, fallen die Strafen meist milde aus. Dies gilt umgekehrt nicht für die Palästinenser. Diese unterstehen – anders als die Siedler – der Militärgerichtsbarkeit und werden meist zu hohen Haftstrafen verurteilt. Menschenrechtsorganisationen beklagen, dass Prozesse vor Militärgerichten oftmals internationalen Standards der Fairness widersprechen. Zudem befinden sich hunderte Palästinenser ohne Anklageerhebung oder Gerichtsverfahren in Verwaltungshaft.

Israel kontrolliert zudem die Grenzen der palästinensischen Gebiete und kann diese abriegeln. Dies gilt ebenso für den Gaza-Streifen, welcher von Israel blockiert wird. Zudem hat Israel in den vergangenen Jahren immer wieder der Palästinensischen Autonomiebehörde zustehendes Steuergeld beschlagnahmt. In der Folge hat sich die humanitäre Lage extrem verschlechtert: Viele Palästinenser leiden unter Armut, Unterernährung und gesundheitlichen Problemen. Die Arbeitslosigkeit ist stark angestiegen – zahlreiche palästinensische Familien sind von Nahrungsmittellieferungen der Vereinten Nationen abhängig.

Folgen der Grenzkontrolle

Israel begründet viele dieser Einschränkungen und Maßnahmen mit Sicherheitserwägungen und dem Schutz der eigenen Bevölkerung. Und in der Tat werfen Menschenrechtsorganisationen auch palästinensischen Gruppen schwere Menschenrechtsverletzungen vor – allen voran Selbstmordanschläge gegen israelische Zivilisten oder den wahllosen Beschuss bewohnter Gebiete im Süden Israels mit Raketen aus dem Gaza-Streifen. Auch der Bau der Sperranlage, die teils als Zaun, teils als Mauer errichtet wird, wurde mit Sicherheitserwägungen begründet, und tatsächlich ist seit dem Bau die Zahl der Anschläge deutlich gesunken. Das Bestreben, die eigene Bevölkerung zu schützen, ist angesichts der langen

Sperranlagen aus Sicherheitsgründen?

Geschichte des Konflikts nur zu verständlich. Allerdings wird Israel immer wieder eine Unverhältnismäßigkeit der Reaktion vorgeworfen, beispielsweise durch eine Kollektivbestrafung auch der zivilen palästinensischen Bevölkerung. Ähnliches gilt für die Sperranlage: Sie wurde nicht entlang der Grünen Linie gebaut, sondern umfasst auch Siedlungen, die weit in palästinensischem Gebiet liegen. Daher wurden weitere große Gebiete palästinensischen Grundbesitzes enteignet und die Bewegungsfreiheit der Bevölkerung weiter eingeschränkt.

Dokumentation der Menschenrechtsverletzungen

In Israel haben sich zahlreiche zivilgesellschaftliche Organisationen gebildet, die Menschenrechtsverletzungen dokumentieren, in die Öffentlichkeit tragen und vor israelische Gerichte bringen. So konnten bereits einige Erfolge verzeichnet werden: Der Oberste Gerichtshof stellte beispielsweise 1999 fest, dass Misshandlungen wie Schlafentzug bei Verhören verboten sind. Er wies die Armee an, palästinensische Bauern bei der Olivenernte vor Angriffen der Siedler zu schützen und ließ Siedlungsvorposten auf palästinensischem Privatbesitz räumen. Ebenso wichtig ist jedoch, dass diese Organisationen die Realität der Besatzung in das israelische Bewusstsein bringen und die politische Auseinandersetzung um die Zukunft der besetzten Gebiete suchen.

Israel und die Welt

Stehen die USA bedingungslos hinter Israel?

Die Beziehungen zu den Vereinigten Staaten

Israel und die USA verbinden »besondere Beziehungen«. Als engster Verbündeter des israelischen Staates liefern die USA moderne Waffensysteme, leisten immense Wirtschafts- und Militärhilfe und garantieren die Sicherheit Israels. Diese enge Partnerschaft wird häufig so interpretiert, dass die USA Israel bedingungslos unterstützen, ja dass Israel (und die pro-israelische Lobby) die US-amerikanische Außenpolitik im Nahen Osten bestimmt. Ein Blick auf die Geschichte der israelisch-amerikanischen Beziehungen jedoch zeigt, dass amerikanische und israelische Interessen keineswegs immer zusammenfielen.

»Besondere Beziehungen«

US-Präsident Truman unterstützte 1948 den Teilungsplan der Vereinten Nationen und damit die Gründung des israelischen Staates. Er konnte sich dabei auch auf die öffentliche Meinung stützen, die angesichts des Holocaust der Gründung eines Staates für die Juden mehrheitlich zu-

Politik der Balance

stimmte. Teile der politischen Elite standen dem zionistischen Projekt jedoch seit seinem Beginn kritisch gegenüber. Sie befürchteten verschlechterte Beziehungen zu den arabischen Staaten und ein wachsendes Konfliktpotential in der Region. Das amerikanische Außenministerium drängte daher zu einer Politik der Balance zwischen Israel und den arabischen Staaten. Entsprechend verhängten die USA 1948 ein Waffenembargo, welches die gesamten 1950er Jahre eingehalten wurde. Die wichtigsten Waffenlieferungen für den jungen Staat kamen daher zunächst aus der Tschechoslowakei (mit zumindest stillschweigender Tolerierung durch die Sowjetunion) und später dann aus Frankreich.

Konzept der Sonderbeziehung

Erst in den 1960er Jahren gewinnt Israel für die USA an Bedeutung. Angesichts des sich radikalisierenden arabischen Nationalismus und der Konkurrenz mit der Sowjetunion initiierte Kennedy das Konzept einer »Sonderbeziehung« mit Israel. Die Beziehungen zwischen Israel und den USA begannen sich daraufhin zu intensivieren: Amerika lieferte moderne Waffensysteme und verpflichtete sich, die absolute militärische Überlegenheit Israels in der Region sicherzustellen. Die USA erhofften sich mit Israel als loyalem und zuverlässigem Bündnispartner ihren Einfluss in der Region auszuweiten.

Strategische Partnerschaft

Seit den 1970er Jahren liegt Israel an der Spitze amerikanischer Aufwendungen, amerikanische Waffenhilfe ist zentral für die (militärische) Selbstbehauptung Israels. Die Beziehungen erfuhren unter Reagan eine Aufwertung zu einer »Strategischen Partnerschaft«. Damit verbunden sind vergünstigte Waffenlieferungen sowie ein einfacherer Zugang zum amerikanischen Markt. Auch ein Freihandelsabkommen wurde geschlossen. Der Umfang der Wirtschafts- und Militärhilfe durch die USA wird seit Mitte der 1980er Jahre auf 2,5 bis 3 Milliarden US-Dollar jährlich geschätzt. Seit einigen Jahren sinkt der Anteil der Wirtschaftshilfe während die Militärhilfe aufgestockt wird und bei rund 2,4 Milliarden US-Dollar im Jahr liegt.

Die engen Beziehungen zwischen Israel und den USA erklären sich jedoch nicht allein aus ihrem sicherheitspolitischen Nutzen, zugleich bestehen emotionale Bindungen und politisch-kulturelle Affinitäten. Israel besitzt aufgrund des demokratischen Systems und der Erinnerung an den Holocaust eine breite öffentliche Unterstützung in der amerikanischen Gesellschaft. Die engen Beziehungen zwischen beiden Ländern stehen damit auf einem breiten Fundament. Dennoch bestehen auch weiterhin Differenzen zwischen Israel und den USA. Mit dem Ende des Kalten Krieges war auch im Nahen Osten eine neue Lage entstanden, die zu einer veränderten Politik der USA beitrug. So drängte der amerikanische Präsident George H. W. Bush auf eine regionale Friedenslösung. Der israelische Ministerpräsident Jitzhak Shamir musste von Bush jedoch erst zur Teilnahme an der Madrider Friedenskonferenz 1991 gezwungen werden – Bush hatte gedroht, einen zugesagten Kredit in Höhe von zehn Milli-

Bindung und Differenzen

arden US-Dollar zurückzuhalten. Auch die Nach-folgeregierung unter Bill Clinton versuchte, eine umfassende und dauerhafte Friedenslösung zu erreichen, ist damit aber ebenso gescheitert. Die Vermittlungsbemühungen haben jedoch gezeigt, dass die USA sich auch der palästinensischen Seite geöffnet haben. Zudem sind die Vereinigten Staaten in enormem Umfang am Aufbau der palästinensischen Infrastruktur beteiligt. Aufgrund der besonderen Beziehungen zu Israel betrachten die Palästinenser die USA dennoch nicht als »fairen Partner«. Dieses Misstrauen gegenüber den USA hat sich unter der einseitigen Politik von George W. Bush noch verstärkt.

Neue Balance

Die USA bleiben für die Regelung des Nahostkonfliktes unabdingbar. Israel wird nur die USA als Schutzmacht ihrer Sicherheitsinteressen akzeptieren. Zugleich stellt die Unterstützung Israels nicht das einzige Interesse der USA im Nahen Osten dar, mindestens ebenso wichtig erscheint der Zugang zu den Energiereserven in der Region. Die Unterstützung Israels muss daher mit anderen regionalen Verpflichtungen und Interessen balanciert werden.

Gehört Israel wirklich in den Nahen Osten?

Die Bindungen zu Europa

Der Ursprung der zionistischen Bewegung liegt in Europa: Herzls Ideen waren ebenso wie seine Vision eines Judenstaates durch europäische Ideen geprägt. Israel sollte Teil der »zivilisierten Welt«, also europäisch sein. Die ersten Einwandererwellen und mit ihnen die politische und intellektuelle Elite des jungen Staates kamen aus Europa, sie brachten europäische Werte und einen europäischen Lebensstil mit nach Israel. Auch die institutionelle Struktur des Staates entspricht europäischen Vorbildern. Es verwundert daher nicht, dass eine enge kulturelle, politische und ökonomische Bindung an den Westen besteht – an Europa, später zunehmend an die USA. Hierzu trug die Existenz in einer feindlichen Umgebung bei: Israel wurde bis zum Friedensschluss mit Ägypten von keinem Nachbarland anerkannt, vielmehr herrschten Kriege und Misstrauen. Viele Araber lehnten (und lehnen) Israel als Fremdkörper in der Region und als »Agent des Westens« ab. Selbst- und Fremdwahrnehmung stärkten sich gegenseitig.

Europa als Vorbild

Mit dem Friedensprozess von Oslo war nicht nur die Hoffnung auf einen israelisch-palästinensischen Frieden verbunden, der spätere Präsident Israels Shimon Peres entwickelte die Vision eines Neuen Nahen Ostens. Dieser sollte ein regionales Gebilde darstellen, welches sich am Modell der

Ein »Neuer Naher Osten«?

ökonomischen Integration Europas orientiert. Der Aufbau eines gemeinsamen Marktes, gemeinsame Forschungs- und Technologieprojekte sollten Israel in den Nahen Osten integrieren. Diese Vision hat sich nicht erfüllt: Die israelische Wirtschaft ist den arabischen Ökonomien weit voraus, die palästinensische Wirtschaft von Israel abhängig. Es sind jedoch nicht in erster Linie diese asymmetrischen Verhältnisse, sondern vor allem das Fehlen einer politischen Regelung des Konflikts, die dieser Vision die Grundlage entzogen haben.

Integration in die EU? Angesichts des andauernden Konflikts und der Gefährdung jüdischen Lebens in Israel suchen viele Israelis heute wieder eine Zukunft außerhalb des Nahen Ostens. Viele israelische Bürger leben außerhalb Israels und haben den Pass eines weiteren Landes und damit die Option auf ein Leben in der Diaspora. Israel hatte stets beansprucht, für Juden in aller Welt zu sprechen, und wurde zu einem Zentrum des jüdischen Selbstverständnisses. Gegen diesen Alleinvertretungsanspruch hat sich Widerstand geregt, auch wenn Israel weiterhin ein wichtiges identitätsstiftendes Element für die Mehrzahl der Juden darstellt. Nicht nur individuell, auch für den Staat erfährt eine Orientierung am Westen breite Zustimmung: Nicht wenige wünschen sich (trotz aller Konflikte) eine Integration Israels in die Europäische Union. Israel ist bereits heute in zahlreiche europäische Projekte eingebunden. 1975 wurde das erste Freihandelsabkommen unterzeichnet, seit 1994 gilt Israel als »privilegierter

Partner« der Europäischen Union. Im Jahr 2000 ist ein Assoziationsabkommen im Rahmen des Barcelona-Prozesses in Kraft getreten. Darin werden die Sicherung der Menschenrechte, die Wahrung demokratischer Prinzipien und die Ausübung ökonomischer Freiheit als gemeinsame Grundlage definiert. Diese enge Zusammenarbeit ist besonders im wissenschaftlichen, kulturellen und sportlichen Bereich sichtbar. So ist Israel in die Europäische Wissenschafts- und Forschungsgemeinschaft integriert und israelische Sportvereine nehmen an den europäischen Wettbewerben teil. Allerdings sind die politischen Beziehungen zwischen der Europäischen Union und Israel nach wie vor durch den Konflikt mit den Palästinensern belastet. Die Europäische Union betont als Befürworter einer Zwei-Staaten-Regelung explizit das Recht der Palästinenser auf Selbstbestimmung und einen eigenen Staat und unterstützt daher auch die palästinensische Autonomiebehörde beispielsweise beim Aufbau der Infrastruktur in den palästinensischen Gebieten. In den letzten Jahren kam es zwischen den europäischen Staaten und Israel immer wieder zu Unstimmigkeiten: Während einige Mitgliedsländer eine stärkere und Israel-kritischere Rolle der Europäischen Union im Nahost-Konflikt wünschen, bleiben andere Staaten zurückhaltend.

Doch dieser Wunsch einer Anbindung an Europa darf nicht darüber hinwegtäuschen, dass Israel ein Teil des Nahen Ostens ist. Eine sichere Existenz für die Bewohner Israels wird es erst dann geben, wenn Israel von den Palästinensern und

Teil des Nahen Ostens

den arabischen Nachbarn anerkannt wird. Dafür ist es notwendig, einen Kompromiss zu schließen, der eine friedliche Koexistenz für beide Staaten und Bevölkerungen ermöglicht. Erst danach erscheint eine stärkere An- bzw. Einbindung Israels (und eventuell des dann gegründeten palästinensischen Staates) in die Europäische Union möglich.

Schluss

Trotz regelmäßiger Gespräche und internationaler Vermittlungsversuche durch die USA und das Nahost-Quartett ist es in den letzten Jahren nicht gelungen, eine Konfliktregelung zu vereinbaren und durchzusetzen. Viele Israelis haben nach dem Scheitern zahlreicher Friedenspläne und dem Ausbruch der zweiten Intifada im Jahr 2000 die Hoffnung auf eine Beilegung des Konflikts verloren. Auch die politische Elite scheint vor allem mit Krisenmanagement beschäftigt. Ein Hinweis dafür sind die vielen unilateralen Maßnahmen, die von israelischen Regierungen beschlossen worden sind. Statt mit der palästinensischen Seite zu verhandeln, wurden einseitige Beschlüsse gefasst und umgesetzt, wie der Bau der Sperranlage oder der Rückzug aus dem Gaza-Streifen. Auch die neue US-Administration unter Präsident Obama konnte bislang keine Bewegung in den festgefahrenen Konflikt bringen. Stagnation gibt es in diesem Konflikt jedoch nicht. Die Aufrechterhaltung des Status quo auf

Stagnation der Atempause

politischer Ebene stärkt jene Kräfte, die gegen eine Kompromissregelung mobilisieren. Tagtäglich wird beispielsweise der Kampf um das Land in den besetzten Gebieten geführt. So erscheint die gegenwärtige Lage eher als Atempause, in der sich beide Seiten auf die nächste Runde des Konflikts vorbereiten.

Im Zirkel der Gewalt An Friedensplänen mangelt es nicht. Die zahlreichen internationalen und zivilgesellschaftlichen Vorschläge weisen gar große Übereinstimmungen auf – die Parameter einer Konfliktregelung liegen auf dem Tisch. Israelis und Palästinenser sind jedoch in einem Zirkel der Gewalt gefangen, in der jeweils die andere Seite für die Eskalation verantwortlich gemacht wird. Die Gewalt hat zudem das Misstrauen über die Ziele und Motive der anderen Seite gestärkt – die Hoffnung der Architekten des Friedensprozesses von Oslo, dass Israelis und Palästinenser gegenseitiges Vertrauen aufbauen und so zu einer gemeinsamen Kompromissregelung finden, hat sich nicht erfüllt. Zudem mangelt es am politischen Willen und der Durchsetzungsfähigkeit der beteiligten Akteure – allzu oft sind israelische Regierungen mit dem eigenen Überleben beschäftigt statt mit substantiellen Verhandlungen.

Hoffnung auf Frieden? Gibt es also keine Hoffnungen auf Frieden? In den letzten zwanzig Jahren ist ein widersprüchlicher Prozess zu erkennen: Einerseits hat Israel die PLO anerkannt, sich aus einigen Gebieten wie dem Gaza-Streifen und Südlibanon zurückgezogen, und in den palästinensischen Gebieten ist ein Staat-in-Erwartung entstanden. Andererseits ist der Ausbau der Siedlungen ungebremst weitergegangen, Israel kontrolliert weiterhin die Versorgung des Gaza-Streifens und das israelische Militär unternimmt Einsätze in den besetzten Gebieten. Trotz der derzeitigen Schwäche des Friedenslagers zeigt sich in der israelischen Gesellschaft jedoch ein bedeutsamer Wandel, der Hoffnung für die Zukunft macht. Ariel Scharon, der in vielen Funktionen die Gründung und den Ausbau von Siedlungen massiv unterstützt hatte, war als Ministerpräsident zu der Überzeugung gelangt, dass Israel die besetzten Gebiete nicht dauerhaft kontrollieren oder gar annektieren könne, ohne innerhalb kürzester Zeit die jüdische Bevölkerungsmehrheit zu verlieren. Dies – ein Staat mit jüdischer Mehrheit – war jedoch das zentrale Ziel der zionistischen Bewegung und raison d'être der israelischen Staatsgründung. Vor diesem Hintergrund vollzog ein Teil der israelischen Rechten eine Abkehr vom Anspruch auf das ganze Land und ist bereit zumindest auf Teile des Landes zu verzichten. Eine numerische Mehrheit der israelischen Gesellschaft unterstützt daher heute eine Zwei-Staaten-Regelung, auch wenn es ihr bislang nicht gelungen ist, ihren Willen zur Geltung zu bringen.

Das zionistische Projekt der Gründung eines Nationalstaats ist noch nicht abgeschlossen: Die Grenzen des Staates sind in der Region wie auch international nicht endgültig bestimmt und anerkannt. Israel steht vor gewaltigen Herausforderungen – im Konflikt mit den Palästinensern,

Das unabgeschlossene zionistische Projekt

aber auch nach innen. Denn die Bedrohung von außen gefährdet auch die israelische Gesellschaft und die demokratische Struktur Israels. Über 100 Jahre nach dem Erscheinen von Herzls Judenstaat werden in der israelischen Gesellschaft daher immer noch und wieder grundlegende Fragen diskutiert: Was sind die zentralen Ziele des zionistischen Projekts? Auf welchen Werten basiert der israelische Staat? Soll Israel ein jüdischer Staat oder ein Staat mit jüdischer Bevölkerungsmehrheit sein? Wo liegen die Grenzen des Staates?

Anhang

Chronologie

1882	Beginn der zionistisch motivierten Einwanderung nach Palästina (Erste Alijah = Einwanderungswelle)
1896	Theodor Herzls »Der Judenstaat« erscheint
1897	1. Zionistischer Kongress in Basel
1917	Balfour-Deklaration: Großbritannien spricht sich für eine »nationale Heimstätte« des jüdischen Volkes in Palästina aus
1917/18	Britische Truppen erobern Palästina, 1923 tritt das britische Mandat offiziell in Kraft
1936–39	Arabische Revolte
1947	Am 29. November beschließt die VN-Vollversammlung die Teilung Palästinas in einen jüdischen und einen arabischen Staat. Noch am selben Tag brechen Kämpfe zwischen Juden und Arabern aus.
1948	Am 14. Mai wird der Staat Israel proklamiert. Am 15. Mai greifen die Armeen Ägyptens, Jordaniens, des Irak, Syriens und des Libanon Israel an.
1956	Britisch-französisch-israelischer Krieg mit Ägypten
1964	Gründung der Palästinensischen Befreiungsorganisation PLO
1967	Im sogenannten Sechs-Tage-Krieg erobert Israel die syrischen Golanhöhen, Ostjerusalem, das Westjordanland, den Gaza-Streifen und die Halbinsel Sinai.

1973	Am 6. Oktober, dem jüdischen Versöhnungsfest (Jom Kippur), greifen ägyptische und syrische Truppen Israel an.
1977	Erstmals gewinnt der Likud unter Menachem Begin die Wahlen in Israel.
1979	Friedensvertrag mit Ägypten, bis 1982 räumt Israel den Sinai
1982	Libanon-Invasion der israelischen Armee
1987	Beginn der ersten Intifada
1991	Friedenskonferenz in Madrid
1992	Jitzhak Rabin wird zum israelischen Ministerpräsidenten gewählt.
1993	Am 9. September einigen sich Israel und die PLO auf die gegenseitige Anerkennung, am 13. September wird das sogenannte Oslo-Abkommen unterzeichnet.
1994	Friedensvertrag mit Jordanien Ein israelischer Siedler richtet in Hebron ein Massaker an.
1995	Am 4. November wird der Ministerpräsident Jitzhak Rabin von einem israelischen Gegner des Friedensprozesses ermordet.
1996	Eine Serie von Selbstmordattentaten erschüttert Israel. Benjamin Netanjahu von der oppositionellen Likud-Partei wird zum Ministerpräsidenten gewählt.
1999	Ehud Barak von der Arbeitspartei wird zum Ministerpräsidenten gewählt.
2000	Im Mai zieht sich die israelische Armee aus dem Südlibanon zurück. Im Juli scheitern die Endstatusverhandlungen zwischen Ehud Barak und Jassir Arafat unter amerikanischer Vermittlung in Camp David. Am 28. September beginnt daraufhin die sogenannte »Al-Aksa Intifada«.
2004	Jassir Arafat stirbt.
2005	Am 9. Januar wird Mahmud Abbas zum Präsidenten der Palästinensischen Autonomiebehörde gewählt.

Der israelische Ministerpräsident Ariel Scharon lässt im Rahmen seines »Abkoppelungsplanes« alle Siedlungen des Gaza-Streifens sowie vier Siedlungen im Westjordanland räumen.

2006 Nach der Geiselnahme von zwei israelischen Soldaten durch die Hisbollah beginnt der zweite Libanonkrieg.

2007 Die Hamas übernimmt nach tagelangen bürgerkriegsähnlichen Kämpfen am 14. Juni die Kontrolle im Gaza-Streifen.

2008/09 Am 27. Dezember 2008 beginnt die israelische Armee die Militäroperation »Gegossenes Blei« gegen die Hamas im Gaza-Streifen. Israel begründet sein Vorgehen mit dem jahrelangen Beschuss israelischer Städte durch Raketen aus dem Gaza-Streifen.
Der Gaza-Krieg endet am 18. Januar 2009 mit einer einseitigen Waffenstillstandserklärung durch Israel.

2009 Nach den Neuwahlen am 10. Februar wird Benjamin Netanjahu neuer Ministerpräsident Israels.

Ländersteckbrief
(Stand: Oktober 2009)

Fläche:

22072 Quadratkilometer (ungefähr die Größe Hessens)

Regierungssystem:

Parlamentarische Demokratie

Einwohnerzahl:

7,4 Millionen

Zusammensetzung der Bevölkerung:

Juden 5 469 872 (76 %)

Araber 1 439 440 (20 %)

davon:

Muslime: 1 166 552

Christen: 152 688

Drusen: 120 200

Andere: 287 888 (4 %)

Bevölkerungsdichte:

340,6 Einwohner pro km²

Größere Städte:

Jerusalem (718 000 Einwohner),
Tel Aviv (390 300), Haifa (269 300),
Rischon LeZion (217 500), Aschdod (200 800) und
Beerscheba (184 800)

Durchschnittsalter:

29,1 Jahre

Altersstruktur:

27,9 Prozent unter 15 Jahren;
62,3 Prozent zwischen 15 und 64 Jahren;
9,9 Prozent 65 Jahre und älter

Lebenserwartung:
80,73 Jahre
(Frauen: 82,9 Jahre; Männer: 78,6 Jahre)
Bruttoinlandsprodukt:
201,4 Milliarden US Dollar
Wirtschaftsbereiche (Anteil am BIP):
Landwirtschaft: 2,7 Prozent;
Industrie: 31,7 Prozent;
Dienstleitungen: 65,6 Prozent
Wichtige Exportprodukte:
Hochtechnologie, Diamanten, Software,
Militärtechnologie, Feinchemikalien und
landwirtschaftliche Produkte
Pro-Kopf-Einkommen:
23 400 US-Dollar
Arbeitslosenquote:
8,4 Prozent
Bevölkerung unterhalb der Armutslinie:
21,6 Prozent
Bildungsausgaben:
6,9 Prozent des BIP
Militärausgaben:
7,3 Prozent des BIP
Währung:
1 Neuer Israelischer Schekel = 100 Agorot

Quellen:
Israelisches Statistikamt,
Bank of Israel,
EU-Kommission,
CIA Worldfactbook

Ausgewählte Literatur

Asher Arian (1998): The Second Republic. Politics in Israel. Chatham: Chatham House Publishers.

Shlomo Avineri (1998): Profile des Zionismus: die geistigen Ursprünge des Staates Israel. Gütersloh: Gütersloher Verlagshaus.

Jörn Böhme (2005): Friedenschancen nach Camp David. Legenden – Realitäten – Zukunftsperspektiven für Israel und Palästina. Schriftenreihe des DIAK, Bd. 39, Schwalbach/Ts.: Wochenschau Verlag.

Jörn Böhme, Tobias Kriener, Christian Sterzing (2009): Kleine Geschichte des israelisch-palästinensischen Konflikts. Schwalbach/Ts.: Wochenschau Verlag.

Michael Brenner (2002): Geschichte des Zionismus. München: Beck.

Michael Brenner, Yfaat Weiss (Hg.) (1999): Zionistische Utopie – israelische Realität. Religion und Nation in Israel. München: Beck.

Micha Brumlik (2007): Kritik des Zionismus. Hamburg: Europäische Verlagsanstalt.

Shmuel N. Eisenstadt (1992): Die Transformation der israelischen Gesellschaft. Frankfurt am Main: Suhrkamp.

Gerschom Gorenberg (2006): The Accidental Empire. Israel and the Birth of the Settlements, 1967–1977. New York: Holt.

Steffen Hagemann (2006): Für Volk, Land und Thora. Ultra-Orthodoxie und messianischer Fundamentalismus im Vergleich. Berlin: Schiler Verlag.

Steffen Hagemann (2010): Die Siedlerbewegung. Fundamentalismus in Israel. Schwalbach/Ts.: Wochenschau Verlag.

Theodor Herzl (2006): Der Judenstaat. Versuch einer modernen Lösung der Judenfrage. Zürich: Manesse Verlag.

Adriana Kemp (et al.) (Hg.) (2004): Israelis in Conflict. Hegemonies, Identities and Challenges. Brighton England, Portland Or: Sussex Academic Press.

Gudrun Krämer (2002): Geschichte Palästinas. Von der osmanischen Eroberung bis zur Gründung Israels. München: Beck.

Benny Morris (2003): The Birth of the Palestinian Refugee Problem Revisited. Cambridge: Cambridge University Press.

Amos Oz (1994): Im Lande Israel. Frankfurt/Main: Suhrkamp.

Barbara Schäfer (2000): Historikerstreit in Israel. Die »neuen« Historiker zwischen Wissenschaft und Öffentlichkeit. Frankfurt/Main: Campus.

Martin Schäuble, Noah Flug (2009): Die Geschichte der Israelis und Palästinenser. München: Deutscher Taschenbuch Verlag.

Tom Segev (2007): 1967 – Israels zweite Geburt. München: Siedler Verlag.

Gershon Shafir, Yoav Peled (Hg.) (2000): The New Israel. Peacemaking and Liberalization. Boulder, Colorado: Westview Press.

Zeev Sternhell (1998): The Founding Myths of Israel. Nationalism, Socialism and the Making of the Jewish State. Princeton, New Jersey: Princeton University Press.

Angelika Timm (2003): Israel – Gesellschaft im Wandel. Opladen: Leske + Budrich.

Michael Wolffsohn (2007): Israel. Geschichte, Politik, Gesellschaft, Wirtschaft. Wiesbaden: VS Verlag.

Yael Zerubavel (1995): Recovered Roots. Collective Memory and the Making of Israeli National Tradition. Chicago: University of Chicago Press.

Abbildungsnachweis

Abb. S. 29 u. 126: © Copyright Verlag
Vandenhoeck & Ruprecht Gmbh & Co. KG,
Der Große PLOETZ, 35. Auflage, Göttingen 2008,
S. 1632 u. 1634
S. 55: © picture alliance
S. 67: © dpa-Bildarchiv
S. 79: © picture alliance/imagestate/HIP
S. 95: © dpa
S. 101: © dpa-Fotoreport

Von Israel eroberte Gebiete 1967

Israel 1949
von Israel 1967 eroberte Gebiete
Ägyptens, Jordaniens und Syriens

LIBANON
Tyros (Sur)
Kuneitra
Golan-
höhen
Akko Zefat
Haifa Tiberias
SYRIEN
See
Genezareth Jarmuk
Nazareth
Janin
Nablus
Tel Aviv Lod West-
jordan-
land Jericho Amman
Ramla
Ashdod JERUSALEM
Askalon Bethlehem
Gaza Totes Meer
Hebron
Rafah Beerscheba
Al Arish
ISRAEL
Port Said
Suezkanal
Negev
JORDANIEN
Ismailia
ÄGYPTEN
Sues
Sinai
Elat Akaba
Halbinsel
Sinai
Golf von Suez
Golf von Akaba
SAUDI-ARABIEN
0 50 100 km
Scharm esch-Scheich
Rotes Meer

M i t t e l -
m e e r

Wissen, was stimmt

Elmar Theveßen
Al-Qaida
Band 6107
Was ist Al-Qaida wirklich? Sind sie tatsächlich auch für Deutschland
gefährlich? Elmar Theveßen, der Stellvertretende Chefredakteur des ZDF,
klärt auf.

Alexander Flores
Der Palästinakonflikt
Band 6082
Konfliktherd Palästina. Alexander Flores benennt die historischen Wurzeln
des Streits zwischen Israel und seinen Nachbarn, stellt die unterschiedli-
chen Parteien vor und analysiert kritisch die Rolle des Staates Israel. Bestes
Basiswissen.

Peter Dinzelbacher
Die Templer
Wissen, was stimmt
Band 6138
Peter Dinzelbacher erzählt die Geschichte des großen Ordens, der die
mittelalterliche Welt entscheidend beeinflusste und unsere Vorstellungen
vom Mittelalter prägte.

Johannes Dillinger
Terrorismus
Band 5866
Welche Absichten verbergen sich hinter terroristischen Anschlägen?
Kommt der Terrorismus von rechts oder ist er mittlerweile ein religiös
motiviertes Phänomen? Sind Terroristen fehlgeleitete Idealisten?
Die wichtigsten Antworten zu einem Thema, das alle bedroht.

Susanne Güsten / Thomas Seibert
Türkei
Band 5734
Wie wird sich der Weg der Türkei nach Europa gestalten? Was macht die
Türkei mit ihren Minderheiten? Wie stark ist die Trennung von Staat und
Religion? Was wir über die Türkei wissen sollten: zwei Kenner sagen uns,
was stimmt.

HERDER spektrum

Christine Wörlen
Erneuerbare Energien
Band 6215
Was ist dran am Hype um die Erneuerbaren Energien? Was hat das
Elektroauto damit zu tun? Wie ausgereift sind die Techniken? Und
beeinflussen sie nicht auf ihre Weise die Umwelt negativ? Luftnummer
oder echte Alternative – die wichtigsten Fakten!

Werner Zittel / Jörg Schindler
Geht uns das Erdöl aus?
Band 6064
Erdöl ist der Motor des modernen Verkehrs, die Grundlage unseres
Lebensstils. Doch wie lange noch? Die Vorräte werden knapp.
Geht das Erdöl aus? Was kommt danach? Fakten statt Panikmache.

Tanja Krämer
Kampf ums Wasser
Band 5942
Der Kampf ums Wasser hat längst begonnen – ein wichtiges
Grundlagenbuch über die politischen, wirtschaftlichen und
sozialen Hintergründe.

Hartmut Graßl
Klimawandel
Band 5899
Hartmut Graßl klärt auf über den Einfluss
des Menschen auf das Klima, er informiert über die ökologischen und
ökonomischen Auswirkungen. Und er geht der Frage nach, wie wir dem
Klimawandel begegnen können.

Stefan H.E. Kaufmann
Seuchen
Band 6102
Seuchen und Epidemien, von der Medizin besiegt geglaubt, bedrohen
unser Leben - mehr denn je. Können wir sie wirksam bekämpfen? Wie
steht es mit der Rolle der Globalisierung? Und welche Interessen hat die
Pharma-Industrie an der Eindämmung von Epidemien?

HERDER spektrum